ChatGPT
資本主義

城田真琴
野村総合研究所

東洋経済新報社

目次

第2章 拡張する生成AIの世界

第３章　生成ＡＩの「しくみ」を理解する――プロンプトエンジニアリング―― 91

第４章　巨大テック企業の生成ＡＩ戦略―― 123

第6章 生成ＡＩで「消える」仕事　201

はじめに

それは、歴史に名を刻む

「私の人生において、革命的だと感じた技術のデモンストレーションは２つしかない。１つ目は１９８０年に初めてＧＵＩに触れたときだ。それはウィンドウズを含む現代のＯＳの先駆者だった。

　２つ目のビッグ・サプライズはちょうど昨年、OpenAI（オープンＡＩ）チームが『ＧＰＴ』と呼ぶＡＩ（人工知能）モデルのデモを見せてくれたときだ。私はＧＵＩ以来のテクノロジーの最も重要な進化を目のあたりにしたと悟った」

　マイクロソフトの共同創設者で、現在は実業家・慈善家として活動しているビル・ゲイツ氏は、２０２３年３月に公開した「ＡＩ時代の始まり～ＡＩは携帯電話、インターネットに匹敵するほど革命的だ～」という刺激的なタイトルのブログでこのように綴っている。

ゲイツ氏ほどの人物であれば、これまでに数えきれないほどイノベーティブな技術を見てきたはずだ。しかし、その彼に「革命的」と言わしめたのが、本書のテーマであるChatGPT（チャットＧＰＴ）である。

チャットＧＰＴに代表される生成ＡＩに触れた人は、さまざまな言葉を使ってそのインパクトを表現しようとする。「インターネット以来の衝撃」、「スマートフォン以来の大革命」――、中には「蒸気機関以来の産業革命」という人もいる。

間違いないのは、生成ＡＩは、ディープラーニング（深層学習）の登場によって火ぶたが切って落とされた第３次ＡＩブームに続く「第４次ＡＩブーム」の幕開けというだけではなく、ＡＩの枠を飛び越え、テクノロジー史に名を刻むだろうということである。

たった5日間で100万ユーザー獲得

ディープラーニングを活用し、２０１５年10月に人間のプロ囲碁棋士をハンディキャップなしで破った初の囲碁ＡＩ「アルファ碁」も当時は大きな話題となった。しかし、今回のチャットＧＰＴのブレークスルーはそれ以上のインパクトがあり、歴史的転換点になる可能性が高いと目されている。

チャットＧＰＴはサム・アルトマンＣＥＯ率いるオープンＡＩが開発し、２０２２年11月末の公開以来、現在に至るまでＩＴ業界を席巻している。２０２３年のＩＴ業界における流行語大賞を選ぶなら、満場一致でチャットＧＰＴが選ばれるに違いない。最近ではテレビの情報番組やニュース番組でも頻繁に紹介され、広く一般に知られるようになっている。

オープンＡＩはチャットＧＰＴを誰でも無料で試せるオープンなサービスとして公開した。もし有料でクローズドなサービスだったら、ここまで知られるようにはならなかっただろう。

実際に使ってみたユーザーがＳＮＳ（ソーシャル・ネットワーキング・サービス）でそのすごさを驚きを以て発信すると、噂が噂を呼び、その名は一気に拡散していった。そして、公開からわずか5日間で１００万ユーザーを突破した。ちなみに、１００万ユーザーに達した日数はＳＮＳのInstagram（インスタグラム）で２・5カ月、音楽ストリーミングサービスのSpotify（スポティファイ）で5カ月であることと比較すると、そのすごさが実感できるだろう（**図表**）。

図表　主なネットサービスがユーザー数100万人に達するまでに要した時間

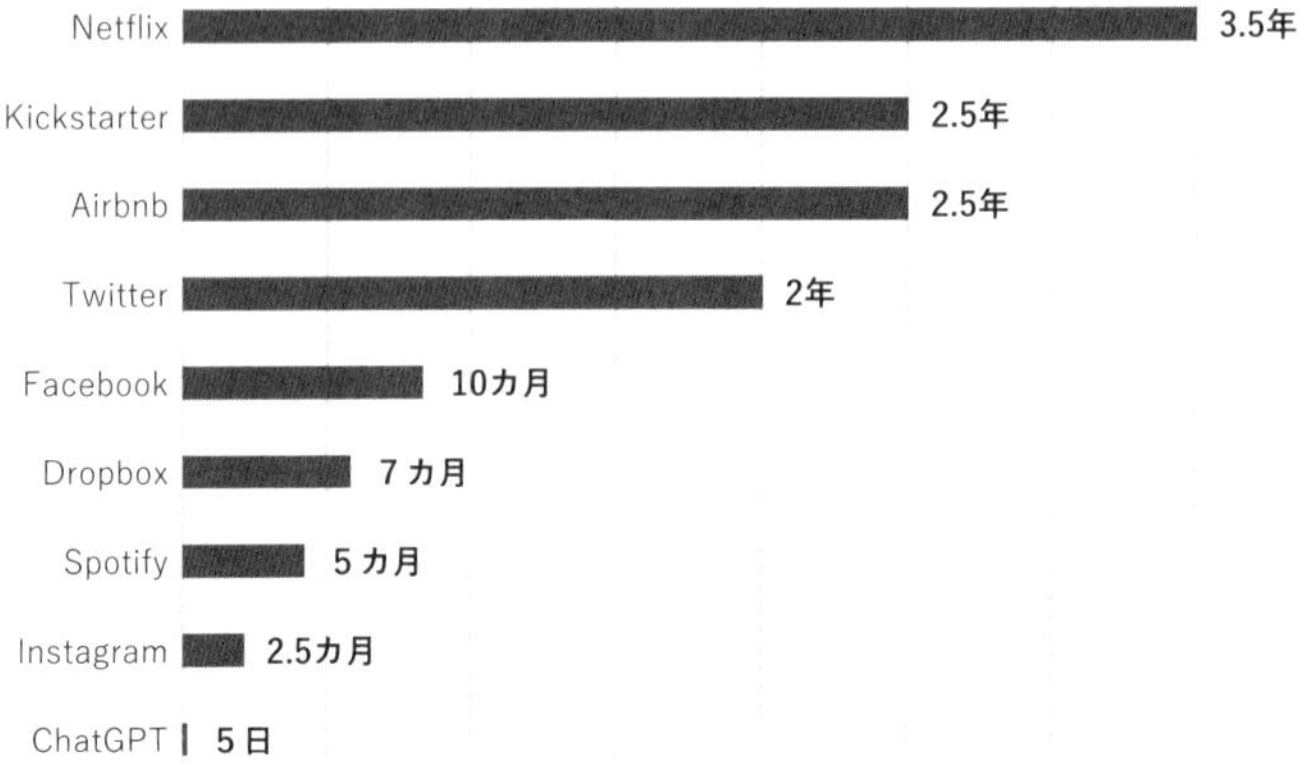

（出所）TheRundownAIをもとに作成

難試験にぞくぞく「合格」

　チャットＧＰＴはチャットボットと呼ばれる対話型のＡＩサービスである。ユーザーと自動で会話するチャットボット自体は以前から存在し、特段目新しいものではない。しかし、チャットＧＰＴはこれまでのチャットボットのように、あらかじめ用意された回答を返すだけでもなければ、的外れの回答を返すこともない。高度なＡＩ技術によって、まるで本当の人間と話しているかのように自然なチャットが可能だ。そして、特筆すべきはその会話内容である。

　チャットＧＰＴにおける「会話」とは、チャットＧＰＴに依頼する「タスク（仕事）」と置き換えたほうがわかりやすいだろう。チャットＧＰＴというＡＩに依頼した仕事のアウトプットが会話形式で返されると考えるとよい。

チャットＧＰＴに依頼できるタスクは多岐にわたるが、得意とするタスクの一つが文章の生成（出力）や要約である。「ＡＩが書いた」とすぐわかる従来のＡＩとは異なり、チャットＧＰＴが作り出す文章は人間が書いた文章と比べて何ら遜色ない。

ノースウェスタン大学とシカゴ大学の研究チームが、医学雑誌で公開された本物の論文10件についてチャットＧＰＴに要旨を生成させた。すると、人間の査読者はチャットＧＰＴが作成した要旨を68％が「ＡＩが書いた」と識別したが、同時に人間が作成した本物の要旨を14％が「ＡＩが書いた」と判断したという。注意深く読み込んでも、見極めるのは困難なのだ。

チャットＧＰＴに各種の試験問題を解かせた結果もつぎつぎと報告されている。米国の医師資格試験問題であるＵＳＭＬＥ（United States Medical Licensing Examination）を解かせたところ、正解率は52〜75％で、合格ラインとされる60％前後に達した。また、ペンシルベニア大学ウォートン・スクールがＭＢＡ（経営学修士）の最終試験を受験させたところ、ＢマイナスからＢ程度の評価を得て見事合格したという。さらに最新の大規模言語モデルＧＰＴ－４を搭載したチャットＧＰＴは、米国の模擬司法試験で受験者の上位10％のスコアを叩き出した。

生き字引であり、壁打ち相手でもある

チャットＧＰＴを実際に使ってみると、さまざまな可能性を感じさせてくれる。あと数年もすれば企業の中にも入り込み、「生き字引」として存在感を発揮するようになるだろう。

たとえば、社内ルールや社内文書を学習した「プライベートチャットＧＰＴ」は、新入社員や中途入社社員の疑問一つひとつに回答し、初期研修プロセスを格段にスムーズなものにしてくれるようになる。

あるいは、海外とのリモート会議に〝同席〟させれば、リアルタイムで翻訳した会話を画面に表示し、会議終了後ただちに議事録を作成してくれる。議事録は事前に指定しておいた関係者に日本語と英語でメールしておいてもくれる。

会議中に意見を求めれば、瞬時に何とおりものアイデアを提案してくれる。「持ち帰っ

て検討するので、一週間ほど時間を下さい」なんてことは、チャットＧＰＴは決して言わない。格好の「壁打ち」相手になってくれる。

もちろん、新たなテクノロジーにはリスクもついて回る。個人情報の収集、情報漏洩といった典型的なセキュリティリスクのほか、偽情報の生成やサイバー攻撃といった悪用への懸念もある。では、「リスクがあるから使わないか」と問われれば、おそらくそうはならない。これまでも新たな技術が登場するたびにリスクが指摘されてきたが、リスクをはるかに超えるメリットがあるなら、人間はそれを軽減しようと試みる。

「自動車は事故を起こす危険性がある。だから使用を禁止する」とならないのと同じだ。インターネットの黎明期には「インターネットで商取引をするなんてとんでもない」といわれたものだが、今日では普段の買い物はもちろん、数百万、数千万円単位の金融取引も行われている。自動車やインターネットにはリスクを大幅に上回るメリットがあるからだ。チャットＧＰＴも、人間にとって真に有益なものであるなら、リスクは時間が解決するだろう。

AIがソフトウェアを食い尽くす

「Software is eating the world（ソフトウェアが世界を食い尽くす）」

ＩＴ業界でよく知られているこの言葉は、Ｗｅｂブラウザ「NCSA Mosaic」や「ネットスケープ・ナビゲーター」を開発し、その後、世界的に有名なベンチャーキャピタルのa16z（アンドリーセン・ホロウィッツ）の共同創業者となったマーク・アンドリーセン氏が２０１１年に残した言葉である。

当時彼がその象徴として挙げたのは、リアル書店に代わって世界最大の書店となったアマゾンだ。アマゾンの中核能力はオンラインでほぼすべてのものを販売可能なソフトウェアであること、そしてそこで販売する本自体もソフトウェア（＝電子書籍のキンドル）になったことがその理由だとする。

しかし、この発言から10年あまりが経過した現在、今度は「AI is eating software（ＡＩがソフトウェアを食い尽くす）」ようになりつつある。チャットＧＰＴは大量のデータから学習し、プログラムのコードを自動生成する能力も持っている。その結果、ソフトウェア開発を自動化し、既存のソフトウェアの欠陥を検出し、修正することまでできるようになった。

これからの時代、「ＡＩは関係ない」と言い切れる産業はなくなる。ここ数年、産業界ではＤＸ（デジタル・トランスフォーメーション）がブームとなっていたが、単なるＩＴ化やトランスフォーメーション（変革）を伴わないデジタル化をＤＸと呼んでいるようなケースも散見された。本当のＤＸは新たなフェーズへと入ったＡＩが先導する、これからが本番となる。

今後の企業にとってはチャットＧＰＴのような生成ＡＩを使いこなせるかどうかが死活問題となる。幸いなのは、チャットＧＰＴを使いこなすハードルは決して高くないことだ。使いこなすといっても、われわれが普段から使っている言葉（自然言語）で指示を与えるだけでよい。特別なプログラミング言語を習得したり、プログラムコードを打ち込んだりする必要はない。聞きたいこと、やってほしいことをチャットＧＰＴに伝えるだけである。そこには少しばかりの工夫は必要になるものの、プログラミング言語を習得するよりははるかにハードルは低い。

本書の構成

第1章では、チャットGPTの概略をつかんでいただくことを目的として、その仕組みやチャットGPTでできること、活用の幅を広げる「プラグイン」機能や、最新の言語モデルであるGPT－4で何が変わるのか、現時点での課題や制約事項について説明する。

第2章では、チャットGPTのようなテキスト生成AI以外のさまざまな生成AIについて解説する。具体的には、画像生成AI、動画生成AI、音楽生成AI、UI／Webサイト生成AIについて、代表的なサービスと具体的な利用シーンを紹介する。

第3章では、生成AIにおいて適切な入力文の設計を行うプロセスや方法論である「プロンプトエンジニアリング」について、実際の例とともに解説する。また、生成AI時代の新たな職業として注目されている「プロンプトエンジニア」やプロンプトを売買可能な「プロンプトマーケットプレイス」についても取り上げる。

第4章では、生成AIをめぐる巨大テック企業の戦略について解説する。競争の舞台はすでに対話型AIの開発だけでなく、「AIチップ」と呼ばれる言語モデルのトレーニングや推論処理に使用される半導体や、「AIスパコン」にまで及んでいる。また、これらの巨大テック企業に対抗する動きとしてオープンソースソフトウェアの言語モデルの動向についても触れる。

　第5章では、企業による生成ＡＩ活用の方向性や、利用における留意点、先行企業の活用例などを紹介する。さらに、金融、医療など個別の業界に特化した大規模言語モデルの可能性についても言及する。

　第6章では、生成ＡＩの登場によって影響を受ける仕事や業界について解説する。業界によってはすでに株価が大幅に下落したり、ＡＩが代替可能な職種の採用を停止したりするなど、深刻な影響も出始めている。また、いわゆる「ＡＩ失業論」やＡＩ時代に求められる人間の能力について筆者の考えを述べたい。

　第7章では、生成ＡＩの負の側面について触れる。革新的な技術にはメリットだけでなく、課題やリスクも付きまとう。特に環境や教育への影響は甚大であるほか、著作権に関する問題もクリアしなければ、安心して使うことはできない。

　最後の第8章では、今後、生成ＡＩがどのような方向に進むのかを展望する。現在の生成ＡＩは黎明期にあり、さらなる進化が期待される一方、このまま開発を続けると人類を破滅に導くのではないかという「ＡＩ脅威論」も唱えられ始めている。

本書はインターネット、スマホ以来の技術革新ともいわれる生成ＡＩのインパクトをさまざまな角度から考察した。特定の話題に過度に偏ることなく、生成ＡＩを取り巻く現状を正しく理解していただくことを意識して執筆に取り組んだ。ぜひ最後までお付き合いいただき、ＡＩと人間の将来について考えるきっかけにしていただけると幸いである。

第1章

チャットGPTとは何か?

言語モデルとは次に来る単語を予測する「確率モデル」

チャットＧＰＴはその名のとおり、ＧＰＴモデルにチャットのインターフェースがついたものである。では、ＧＰＴとはそもそも何だろうか。

ＧＰＴは「Generative Pre-trained Transformer」の略であり、日本語に直訳すると「事前学習済みの生成的トランスフォーマー」となる。早速、「事前学習」「生成的」「トランスフォーマー」に分けて解説していこう。

事前学習とは、ＡＩにいきなり要約や翻訳といった特定のタスクを実行させる前に、世の中に大量に存在するさまざまな種類のテキストデータ（ウィキペディアやＷｅｂのニュース記事、論文など）を読み込ませ、言語の基本的な構造、文法、語彙、一般的な知識などを把握させておくことをいう。

これによってできたモデルを「言語モデル」と呼ぶ。ＧＰＴは言語モデルの一つであり、ほかにはグーグルが開発した「ＢＥＲＴ（バート：Bidirectional Encoder Representations from Transformers）」などが有名だ。

事前学習済みのＡＩは言語の統計的パターンを理解し、次に出現する単語を予測できる

図表1-1　言語モデルのイメージ

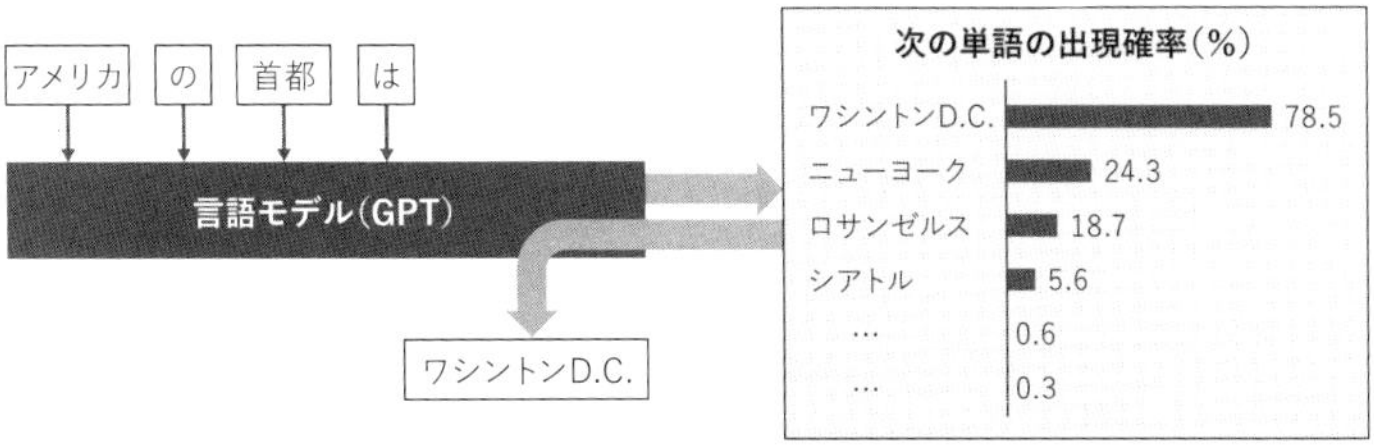

ようになる。たとえば、「米国の首都は」というテキストを与えてみる。次に来る単語は確率的に「ワシントンD.C.」になる可能性が高く、ニューヨークやロサンゼルスは低い（**図表1－1**）。このように出現確率を計算していった結果、ＡＩは「米国の首都はワシントンD.C.」と判断する。

言語モデルは、ある単語やフレーズが与えられたときに、次に来る単語やフレーズが何であるかを予測する確率モデルだともいえるだろう。

事前学習が登場する前は、「教師あり学習」と呼ばれる学習方法が一般的で、これには人間の手作業でラベルづけされた、大量の教師データが必要だった。作成にはかなりのコストがかかるため、膨大な量のデータを用意することはなかなか難しくもあった。この点、事前学習では、機械的に収集した大量のテキストデータを利用できるメリットがある。

では、次の「生成的」とは何だろうか。これは、ニューラルネ

図表1-2　生成AIのイメージ

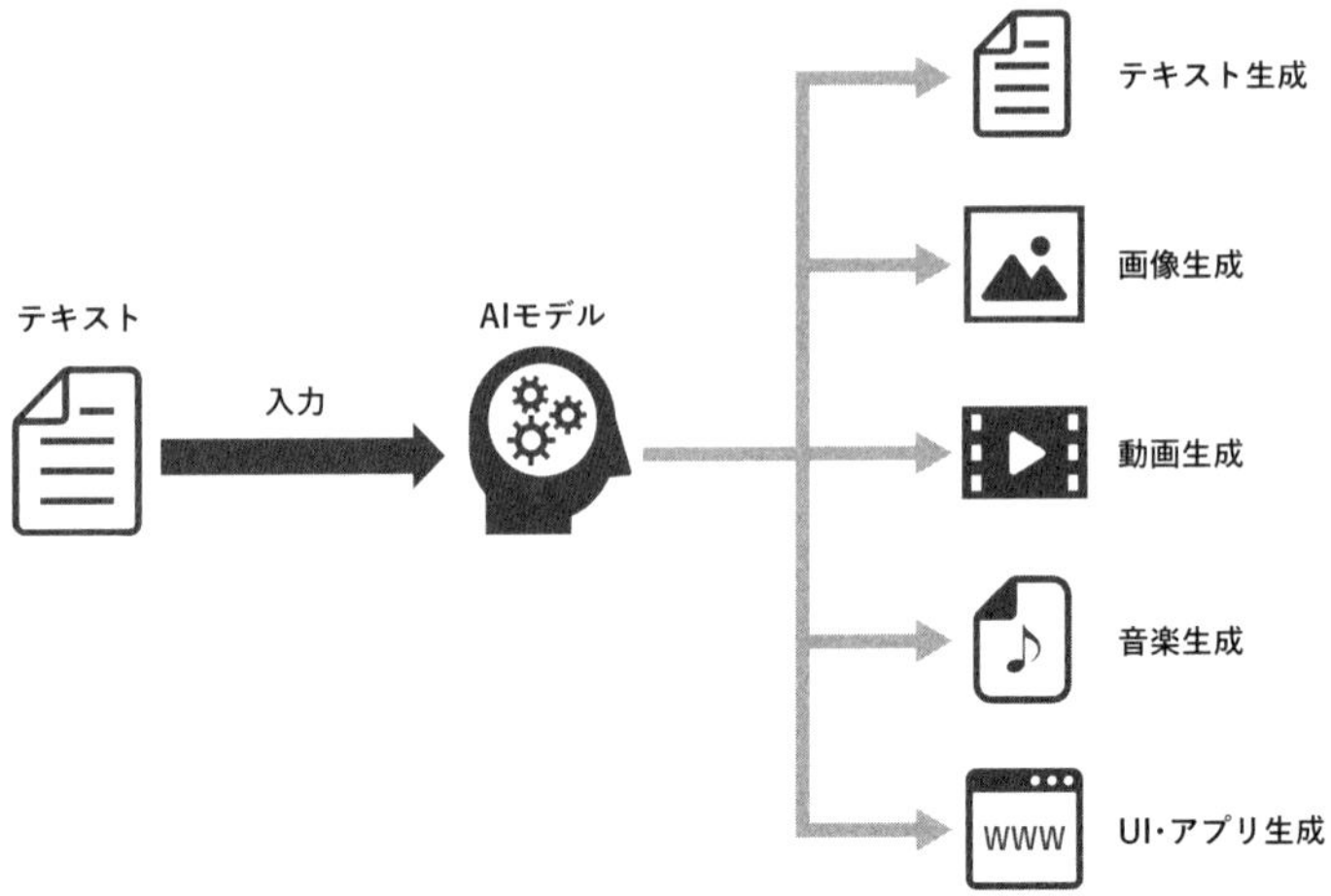

ットワーク（脳の神経細胞を模倣したコンピューターの学習モデル）に何らかの入力を与えることで、それをテキストや画像、動画などの形に加工して出力、すなわち生成することをいう。こうした能力を持つＡＩを生成ＡＩ（ジェネレーティブＡＩ：Generative AI）と呼ぶ。

チャットＧＰＴはテキストを入力し、テキストを生成するタイプの「テキスト生成ＡＩ」である。その他の生成ＡＩには、テキストから画像を生成する「画像生成ＡＩ」や、テキストから動画を生成する「動画生成ＡＩ」、テキストから音楽を生成する「音楽生成ＡＩ」、テキストからＵＩ（ユーザー・インターフェース）やアプリを生成する「Ｕ

Ｉ・アプリ生成ＡＩ」などがある（図表１－２）。

パラメータ数こそが「正義」

さて、次の「トランスフォーマー」の説明に入る前に、「スケール則」について説明しておきたい。

一般的に、言語モデルの性能は学習に使用するデータの量、パラメータの数、計算リソース（計算量）を増やせば増やすほど向上し、より高度な自然言語処理タスクを実行できるようになることが知られている。これを「スケール則」という。

パラメータとは機械学習モデルが学習中に最適化する必要のある変数の数のことである。パラメータの数が多いほど、モデルはより複雑な関数を学習することができ、より高度な自然言語処理タスクを解決できる可能性が高くなる。

ＧＰＴはＧＰＴ－２、ＧＰＴ－３、ＧＰＴ－４と進化してきた。ＧＰＴ－３では数百テラバイト以上のテキストデータを使用してトレーニングされ、パラメータ数は１７５０億、学習には数億～数十億円のコストがかかったとされる。ＧＰＴ－４のパラメータ数は公開

図表1-3　主な大規模言語モデルの概要

大規模言語モデル	発表年	開発企業	学習に使用したトークン数（データ量）	パラメータ数
GPT	2018年	OpenAI	800万	1億1700万
BERT	2018年	グーグル	不明	3億4000万
GPT-2	2019年	OpenAI	4500万（40GB）	15億
GPT-3	2020年	OpenAI	450億（570GB）	1750億
PaLM	2022年	グーグル	7800億	5400億
GPT-4	2023年	OpenAI	非公開	非公開
LLaMA	2023年	メタ（旧フェイスブック）	1兆～1.4兆	70億～650億
PaLM2	2023年	グーグル	非公開	非公開

（出所）各種資料をもとに作成

されていないものの、1兆を超えたと推測されている（図表1－3）。

トランスフォーマーによる革新

スケール則によって言語モデルの性能を向上させるためには、学習に使用するデータやパラメータを増やせばよい。しかし、ここである問題が浮上する。トレーニングに使用するデータ量が増えるに従い、トレーニングに要する時間も膨大になっていくという問題だ。

ここで登場するのがトランスフォーマーである。トランスフォーマーはグーグルが2017年に発表した論文「Attention Is All You Need」で初めて提案され、言語モデルや翻訳モデルなどの自然言語処理に広く使用されているニューラルネットワークの一つだ。

トランスフォーマーが登場する以前、自然言語処理では「ＲＮＮ（Recurrent Neural Network：再帰型ニューラルネットワーク）」という方法が多く用いられてきた。ただＲＮＮは、一つの単語の処理をしたら次の単語を処理する……と順々に進むため（逐次処理という）、文章全体をまとめて処理することができない。そのため、トレーニングに時間がかかってしまう大きな欠点があった。

ＲＮＮの代替としては、主に画像処理に使用され、逐次処理ではなく並列処理が可能なＣＮＮ（Convolutional Neural Network：畳み込みニューラルネットワーク）がある。並列処理とは、複数の演算処理を同時に素早く行うことをいう。ただＣＮＮにしても、文章が長くなると計算量が増えてしまい、精度が低下するという課題が残る。

長い文章でもらくらく理解

具体的な例でお話ししよう。「彼は学校を卒業し、大学に進学して専攻を決めました」という文章であれば、ＣＮＮは流れを正確に理解することができる。しかし、「彼は学校を卒業し、大学に進学して専攻を決め、新しい友人と出会い、卒業後に海外に留学することを決意しました」という文章になるとお手上げになる。「大学に進学して専攻を決め」「新しい友人と出会い」「卒業後に海外に留学」といった行動が、すべて学校卒業後に起こったものだと理解できないのだ。

これに対して、トランスフォーマーは広範囲にわたる単語間の依存関係や文脈をより正確に理解し、長い文章でも文全体の関連性を把握できる。また、ＲＮＮやＣＮＮに比べて計算量が少なく済み、大規模な並列計算ができる。

そのため、コンピュータの数が多ければ多いほど高速にテキストデータの学習ができるほか、並列処理が可能な「ＧＰＵ（Graphics Processing Unit）」の恩恵も受けることができる。つまり、ＧＰＵの数を増やせば増やすほど高速に学習できることになる。

ただし、高い演算能力と並列処理能力を持つＧＰＵは、ＣＰＵ（中央演算処理装置）に比べて非常に高価であるため、大量に購入できるのは資金力のある一握りの企業に限定される。これは、資金が豊富で膨大な数のコンピューターを維持管理できるグーグルやマイクロソフト、フェイスブック（現メタ・プラットフォームズ）などの大手テック企業が有利であることを意味する。チャットＧＰＴを開発したオープンＡＩはベンチャー企業だが、マイクロソフトが出資している。現在、言語モデルの精度が日進月歩で向上しているのは、大手テック企業の開発競争によるものともいえる。

いずれにせよ、膨大なデータを高速に学習でき、長距離の依存関係を正確に捉えられるトランスフォーマーは、ここ数年のＡＩのパラダイムシフトを牽引しているといっても過言ではなく、トランスフォーマーをベースとして高性能な大規模言語モデルがつぎつぎと発表されている。ＧＰＴシリーズのほか、先ほども紹介したグーグルのＢＥＲＴや、「ＰａＬＭ（パーム：Pathways Language Model)」が代表的だ。

人間の価値観まで反映したＧＰＴ

ここまでＧＰＴとは何かについてお話ししてきた。２０１８年に初めて発表されたＧＰＴ（ＧＰＴ－１）から、最新のＧＰＴ－４へと進化してきたＧＰＴだが、正確にはこの間に「ＧＰＴ－３・５」が存在する。チャットＧＰＴは世代的にはＧＰＴ－３・５にあたり、３・５を対話用にファインチューニング（微調整）したものである。ＧＰＴ３・５は２０２２年初めにトレーニングを終えた言語モデルで、学習データにはテキストだけでなく、コードも含まれている。

もう一つ、あまり知られていないのが「InstructGPT（インストラクトＧＰＴ）」の存在だ。

ＧＰＴが進化する中で、何も問題がなかったわけではない。たとえば、ＧＰＴ－３はパラメータ数が15億だったＧＰＴ－２から１７５０億へと大幅に増加した結果、人間が生成した文章と区別がつかないほど高精度になった。一方で、たとえばヘイト的な表現を避けるといった、人間にとって望ましい振る舞いを理解しているわけではなかった。

そのため、人間の価値観に照らし合わせて微調整しようと開発された言語モデルがインストラクトＧＰＴである。

この際に用いられたのが「人間のフィードバックをもとにモデルを学習させる」という手法で、「ＲＬＨＦ（Reinforcement Learning from Human Feedback：人間のフィードバックからの強化学習）」と呼ばれる。ＲＬＨＦでは人間が判断する「よい・悪い」というフィードバックによってモデルを微調整するもので、以下のような手順で行われる。

①事前学習済みの言語モデル（ＧＰＴ－３）に対して、「入力（質問）」と「適切な出力文（回答）」とがペアになったデータを１万３０００件ほど人間が用意し、そのデー

タでGPT－3を微調整する。簡単に言えば、人間の価値観に合った適切な回答の仕方をモデルに学習させる

②微調整後のモデルに、一つの入力（質問）に対する出力（回答）をいくつか出させて、出力の適切さを人間がランクづけする。そして、この入力と出力のランキングを学習用のデータセットとして、どの出力がよいかを評価できる「報酬モデル」を構築する。具体的には、「真実性（デマやミスリードする情報ではないか）」「無害性（人や環境を物理的・精神的に傷つけていないか）」「有益性（ユーザーのタスクを解決してくれるか）」といった観点で評価される。この報酬モデルによって、モデルは「よい出力とは何か」をさらに理解できるようになる

③この報酬モデルを用いて、①で作成したモデルを改善していく。このプロセスは数回繰り返され、モデルの性能が徐々に向上していく

GPTはエンジン、チャットGPTはクルマ

チャットGPTは、このインストラクトGPTの兄弟モデルである。出力に有害なコン

テンツが含まれていないかを評価し、有害な動作を防ぐことができるようになっている。つまり、人間による善悪の判断が反映されたＧＰＴであるからこそ、チャットＧＰＴは一気に普及したのかもしれない。

整理すると、ＧＰＴは「生成ＡＩ用にインターネット上の大量のデータから事前学習した（大規模）言語モデル」で、インストラクトＧＰＴは「人間の価値観に合うよう微調整されたＧＰＴ」、そしてチャットＧＰＴは「ＧＰＴ－３・５をベースにしたチャットボットであり、インストラクトＧＰＴの類型」ということになる。なお、２０２３年に公開された有料版のチャットＧＰＴはＧＰＴ－４をベースにしている。

言い方を変えると、チャットＧＰＴはあくまでオープンＡＩがＧＰＴ－３・５やＧＰＴ－４を微調整したアプリの一つにすぎない。微調整のプロセスを変えれば、現在のチャットＧＰＴとは違ったニュアンスの答えを返すようになるだろう。

後述するマイクロソフトの「BingAI（ビングＡＩ）」はＧＰＴ－４をベースにしているが、利用したことがある人はチャットＧＰＴの回答とはニュアンスが異なることに気づくはずだ（個人的には、ビングＡＩよりもチャットＧＰＴのほうが好みである）。これは微調整の手法がチャットＧＰＴとは異なっているからだと推測される。

図表1-4　大規模言語モデルと対話型AIの関係

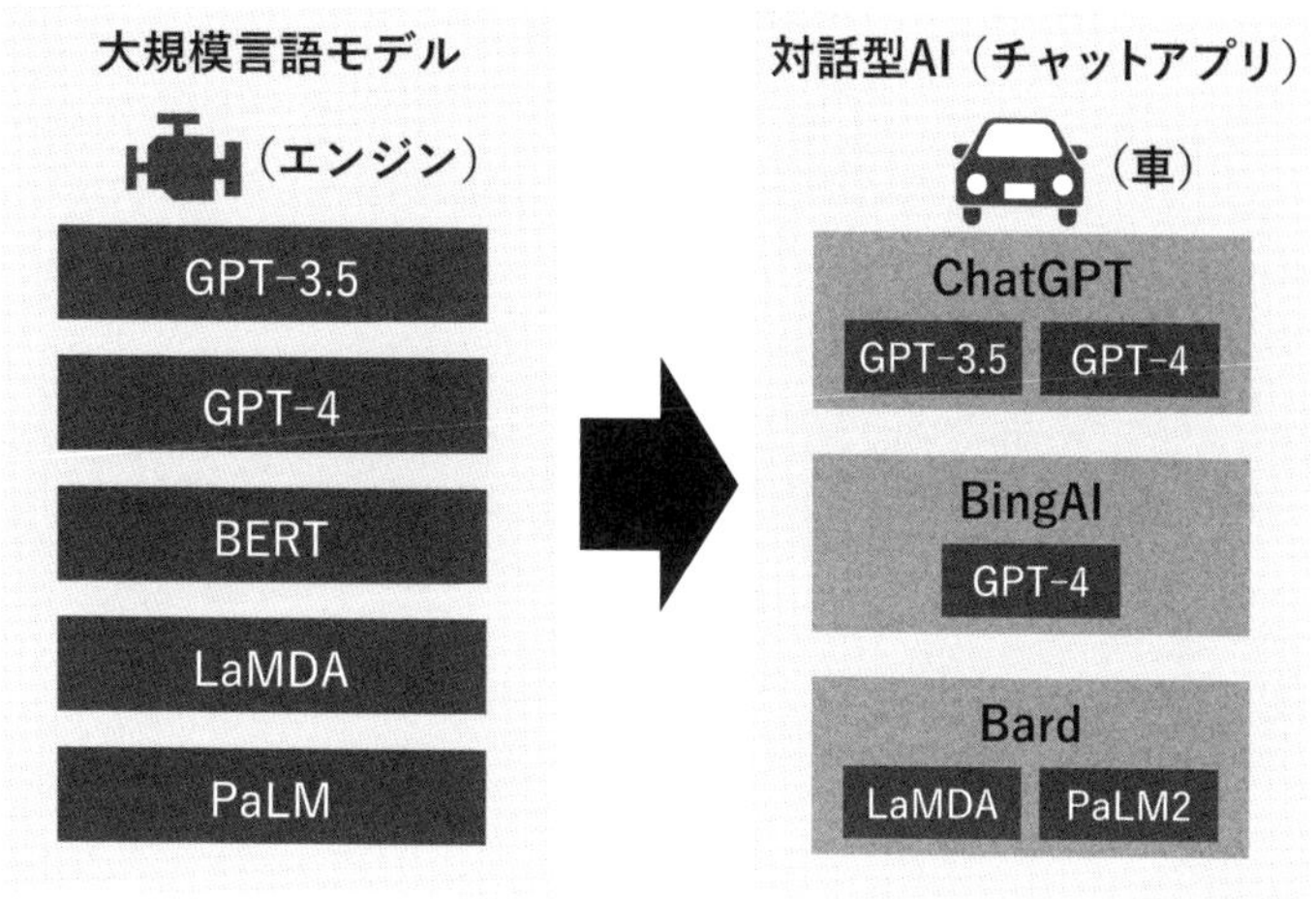

チャットＧＰＴにはＧＰＴという単語が含まれているため混同しやすいが、自動車にたとえるなら、ＧＰＴはエンジンでチャットＧＰＴは車のようなものといえる。グーグルの場合はＢＥＲＴや「ＬａＭＤＡ（ラムダ：Language Model for Dialogue Applications)」、ＰａＬＭといった言語モデルがエンジンで、後述するＢａｒｄ（バード）が車という位置づけだ（**図表１－４**）。

自動車の場合、同じエンジンを搭載していても、異なる市場や顧客層をターゲットにした別の車種が存在するケースがある。また、同じエンジンであっても、微妙な調整やチューニングの違いによって、若干の性能差や走りの感触の違いが生じることもある。チャットＧＰＴとビングＡＩの違いも、このように考えると理解しやすいかもしれない。

「ＧＰＴ－５」は幻に？

ＧＰＴが進化する過程でパラメータ数が膨大になってきたとお話しした。このまま規模を拡大する方向で進化を続けるとすると、次のＧＰＴ－５ではパラメータ数が２兆、あるいは５兆となっても不思議ではない。

しかし、オープンＡＩのサム・アルトマンＣＥＯは２０２３年４月にＭＩＴ（マサチューセッツ工科大学）で開催された「Imagination in Action」というイベントで、「『ＧＰＴ－５』は開発していない。しばらくの間は開発を進めることもない」とＧＰＴ－５の存在を否定している。そして、「今後の進歩はモデルをさらに大きくすることでは達成できない」「巨大なモデルを使用する時代は終わりつつあるため、今後はほかの方法でモデルを改善することになる」と語っている。

オープンＡＩはＧＰＴ－４に関する技術論文の中でも、「モデルの規模を拡大することで得られる効果は逓減する」と説明している。これは先に説明したスケール則が終わりに近づいていること、ＡＩモデルのパラメータ数を2倍にしても、性能が2倍になるとはかぎらなくなりつつあるということを意味している。

言語モデルの学習コストや運用コストの面でも、パラメータ数を増やし続けることによって性能アップを図るのはそろそろ限界に近づいているのかもしれない。今後は新しいＡＩモデルの設計やアーキテクチャの見直し、あるいは人間のフィードバックにもとづく調整の仕方などによって、性能向上を目指すことになるだろう。

チャットGPTでできること

さて、ここからはチャットＧＰＴで何ができるのかについてお話ししていこう。

大量のテキストデータを使用してトレーニングされた言語モデルを使用したチャットＧＰＴは、あたかも知識豊富なエージェントのようである。たとえば、「チャットＧＰＴについて詳しく説明して下さい」とプロンプト（指示）を入力すると、非常に自然な言葉で回答してくれる（**図表1－5**）。

このように、質問に対する回答（Ｑ＆Ａ）が基本的な使い方だが、それ以外にもチャッ

図表1-5　ChatGPTのイメージ

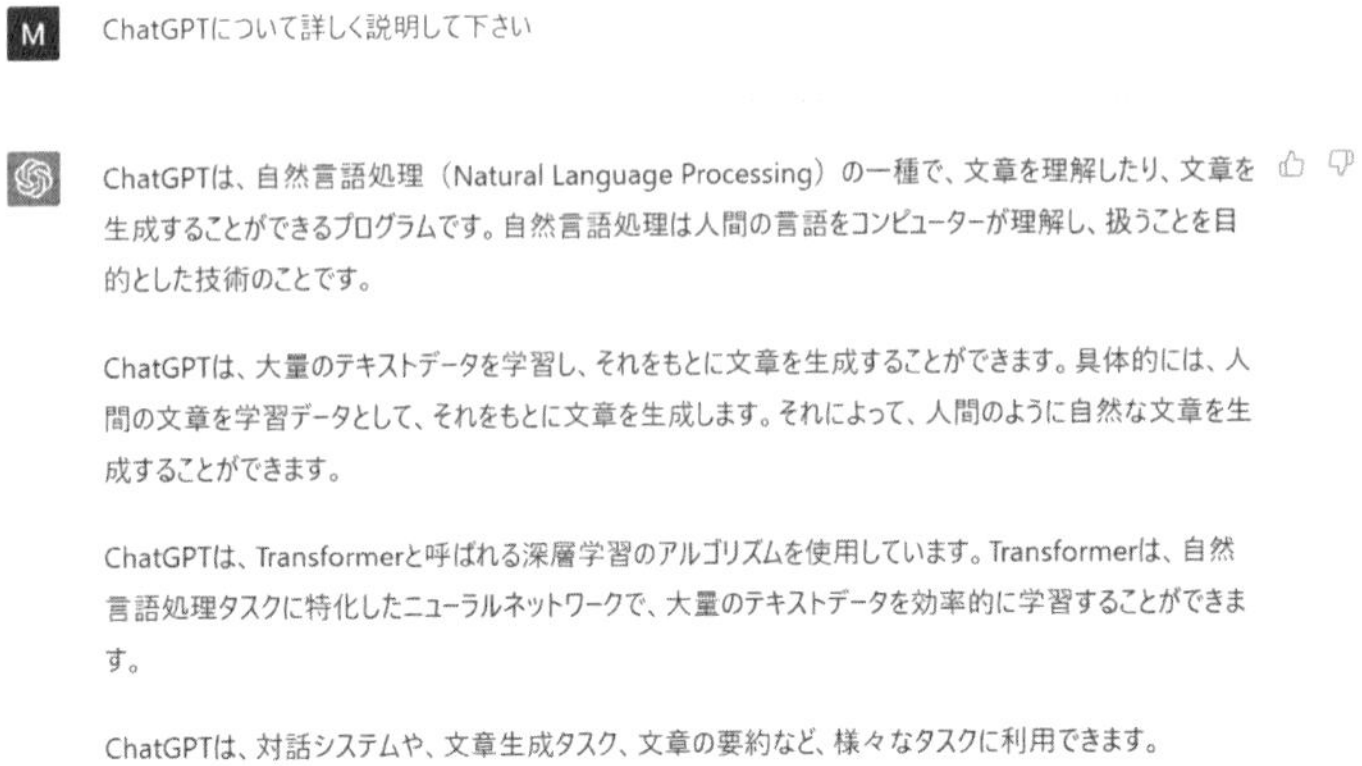

（出所）https://chat.openai.com/

トＧＰＴできることは非常に多岐にわたる（**図表1－6**）。オープンＡＩの公式サイトには、「文法の修正」「分類」「製品説明の広告」「エッセイのアウトライン」「Python（パイソン：プログラミング言語）のバグ修正」など50近い利用例が掲載されており、大まかに分類すると次のようになる。

（1）質問回答、チャット

・Ｑ＆Ａ：既存の知識にもとづき、質問に回答

・リストの作成：「ＳＦに関する有名な本を10冊挙げて」

・スプレッドシートの作成：「ＳＦ映画のトップ10と公開された年を表形式でまとめて」

・友人とのチャット：友人になりきりチャット

図表1-6　ChatGPTでできることの一例

を続ける

・特定の性格を持つチャットボット：「あなたは質問に嫌味を込めて答えるチャットボットです」

（2）修正、翻訳、要約、意訳

・文法の修正：間違った英文を正しい英文に修正

・難解な文を平易な文に要約：2年生向けに要約

・英語の翻訳：英語を日本語など他の言語に翻訳

・長文の要約：長い文を短い文に要約

（3）抽出、解析、分類

・キーワードの生成：文章の一部を入力すると、キーワードを自動抽出
・分類：あるアイテムを分類（企業名を業種に分類など）
・ツイートの感情分析：あるツイートをネガティブ、ポジティブなどに分類
・空港コードの抽出：文章から空港コードを抽出（成田空港→ＮＲＴなど）
・連絡先の抽出：電子メールを与えて、そこから住所と電話番号を自動抽出
・非構造化データの解析：文章の中から抽出したキーワードを分類して、表を作成

（4）プログラミングの支援

・プログラム言語の変換：JavaScript（Ｊａｖａスクリプト）で書かれたコードをパイソンへ変換
・テキストをコマンドへ変換：テキストをプログラム可能なコマンドに変換
・ＳＱＬ文の生成：自然言語で指示して簡単なＳＱＬクエリを生成
・バグの修正：パイソンで書いたコードを入力し、バグの修正を依頼
・プログラミング用チャットボット：Ｊａｖａスクリプトに関する質問に答えるチャット

ボット
・コードの説明：コードの一部を入力すると、人間が理解できる形で説明

（5）文章の生成

・ショートホラーストーリーの作成：「嵐にまつわるショートホラーを考えて」などトピック名を与えると、2〜3文から成るショートホラーを生成
・アナロジーの生成：「『質問は矢です』を使ったアナロジーを生成して」→「質問は矢のようなもので、表面を突き破り、その下にある真実を明らかにする力を持っています」
・メモから議事録の作成：キーワードだけ書き出した議事メモから議事録を作成
・レビューの作成：いくつかのキーワードを与えると、レストランのレビューを自動生成

（6）アイデア出し

・エッセイのアウトラインの作成：「スティーブ・ジョブズの半生に関するエッセイを書く場合のアウトラインを考えて」
・質問項目のアイデア出し：「サイエンス作家にインタビューする際の質問項目を10個考

えて」

・ビジネス案の生成：「VR（仮想現実）とフィットネスを組み合わせたビジネスアイデアを10個考えて」

・製品名の立案：製品の説明文と特徴を表すキーワードから、製品名のアイデアを立案

・コピー文章の生成：製品の説明文から広告用のコピー案を生成

・レシピの考案：食材リストから作れる料理のレシピを提案

・勉強ノートの作成：何かを勉強する際のポイントを提示「古代ローマについて勉強する際のポイントを5つ挙げて」

（7）その他

・視点の変換：一人称の文章を三人称の文章へ変換

・映画タイトルの絵文字への変換：映画の内容を絵文字の組み合わせで表現

GPT-4はユーモアまで理解する

２０２３年３月に公開された最新の大規模言語モデルであるＧＰＴ－４では、大幅に性能が向上しており、各種の専門的なベンチマークや学術的なベンチマークで人間と同等レベルのパフォーマンスを発揮している。たとえばＧＰＴ－３・５では、米国の模擬司法試験で受験者の下位10％だったが、ＧＰＴ－４では逆に上位10％に入るスコアを叩き出したのは、「はじめに」でも紹介したとおりだ。

さらには、ＭＩＴの数学科、およびＥＥＣＳ（電気工学計算機科学科）で学位を取得するために必要な４５５０の問題（課題集、中間試験、期末試験）を解かせたところ、ＧＰＴ－３・５は３分の１程度しか正解できなかったが、ＧＰＴ－４は画像にもとづく問題を除けば、１００％の正解率を達成したという。

ＧＰＴ－４ではテキスト入力だけでなく、画像入力もできる「マルチモーダル」へと進化している。これによって、たとえば手書きスケッチの写真から実際に動くＷｅｂページまで作れるようになる。

オープンＡＩがＧＰＴ－４発表後の２０２３年３月に開催したライブイベントでは、メモ帳に「My Joke Website」と殴り書きしたラフスケッチをiPhoneで撮影し、その画像をもとにＷｅｂサイトの構築に必要なＨＴＭＬやＪａｖａスクリプトのコードを出力、さ

図表1-7　ラフスケッチからWebページを自動作成

■ メモ帳に「My Joke Website」と殴り書きしたラフスケッチをiPhoneで撮影し、その画像からWebページのモックアップをAIが自動生成

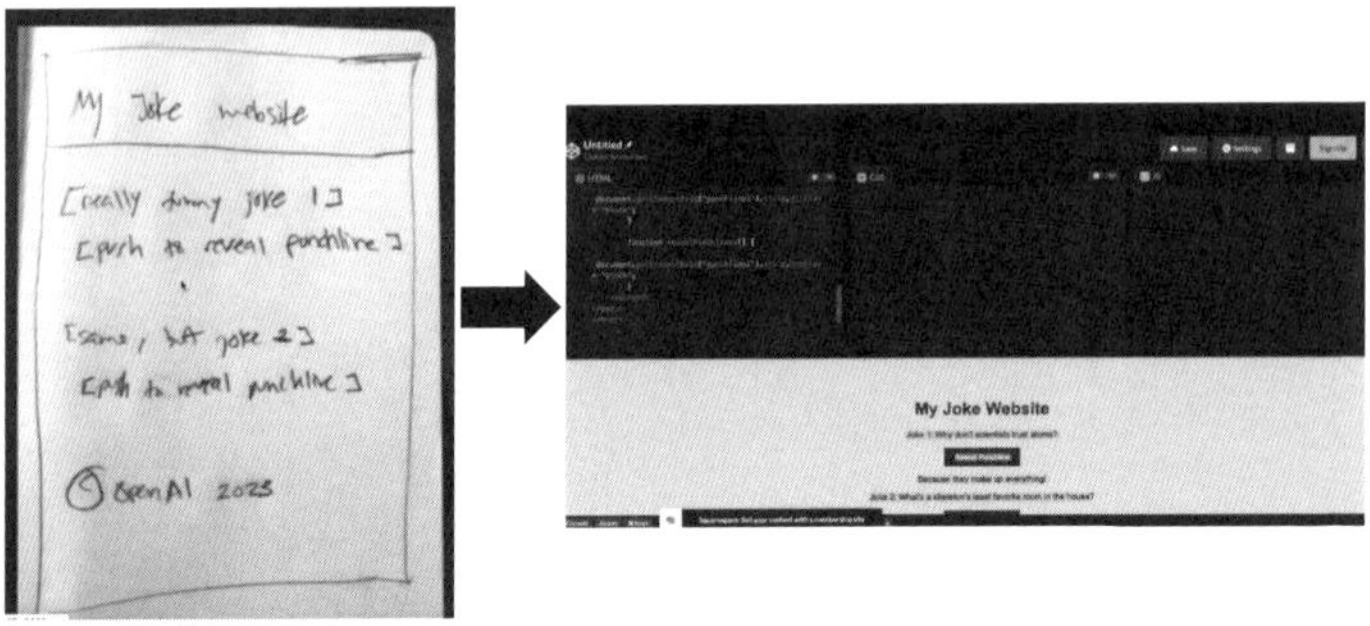

（出所）https://www.youtube.com/watch?v=outcGtbnMuQ

らにはWebページのモックアップ（実寸大モデル）を生成させるというデモを披露し、観衆を驚かせた（**図表1－7**）。

入力された画像の文脈を捉え、理解することもできる。オープンAIが公開している例では、GPT－4ベースのチャットGPTが、一連の画像のどこがおもしろいかを説明する様子が示されている（**図表1－8**）。

ある画像に対して、ユーザーが「この画像の何がおもしろいのでしょうか？　パネルごとに説明して下さい」と入力すると、チャットGPTは次のように回答している。

「画像は、3つのパネルを備えた『ライトニングケーブル』アダプターのパッケージを示しています。

図表1-8　GPT-4ベースのChatGPTは画像のユーモアまで理解する

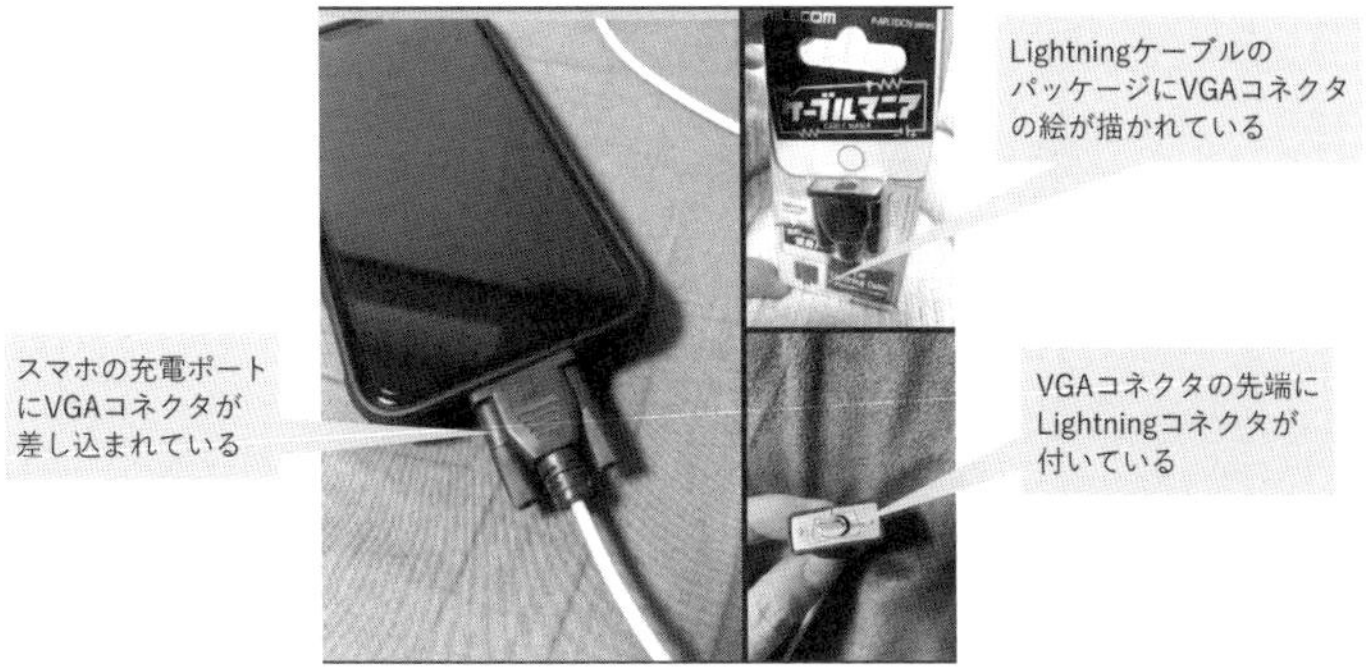

（出所）https://openai.com/research/gpt-4（吹き出しは筆者が加筆）

パネル1：スマホの充電ポートにＶＧＡコネクタ（通常、コンピューターモニタに使用される大きな青色の15ピンコネクタ）が差し込まれている。

パネル2：『ライトニングケーブル』のパッケージにＶＧＡコネクタの絵が描かれている。

パネル3：ＶＧＡコネクタの拡大図だが、先端に小さなライトニングコネクタ（iPhoneなどデバイスの充電に使用する）がついている。

この画像がおもしろいのは、時代遅れの大型のＶＧＡコネクタを、最新の小型のスマホの充電ポートに差し込むというばかばかしさから来ています」

人間でも、パッと見ただけでは回答するのは難しいような質問だが、チャットＧＰＴはこの画像のユーモアについて的確に回答したのだ。その理解力には驚くしかない。

なお、ＧＰＴ－４は有料版（月額20ドル）の「チャットＧＰＴプラス」の契約ユーザーのみ利用できる。契約するとＧＰＴ－３・５かＧＰＴ－４を選べる仕様になっており、自由に切り替えて使える（ただし、本稿執筆時点では画像入力はまだできない）。

「プラグイン」でできることがどんどん広がる

チャットＧＰＴはそれ単独でも十二分に有用だが、チャットＧＰＴに新しい機能を追加したり、情報源を統合したりすることができる拡張機能を利用すると、できることがさらに広がる。これらは「プラグイン」と呼ばれ、本稿執筆時点でＷｅｂブラウジングや旅行プランの作成、情報収集など、すでに６００以上のプラグインが提供されている。

プラグインにはオープンＡＩ自体が提供している公式プラグインと、オープンＡＩ以外の外部の開発者や企業が提供するサードパーティー製プラグインがある。プラグインを有効にすると、通常であれば別途Ｗｅｂサイトやアプリを開いて操作する必要のある作業が、すべてチャットＧＰＴ経由で実行できるようになる（**図表１－９**）。

なお、現状ではプラグインを利用するにはチャットＧＰＴプラスのユーザーである必要

図表1-9　プラグインのイメージ

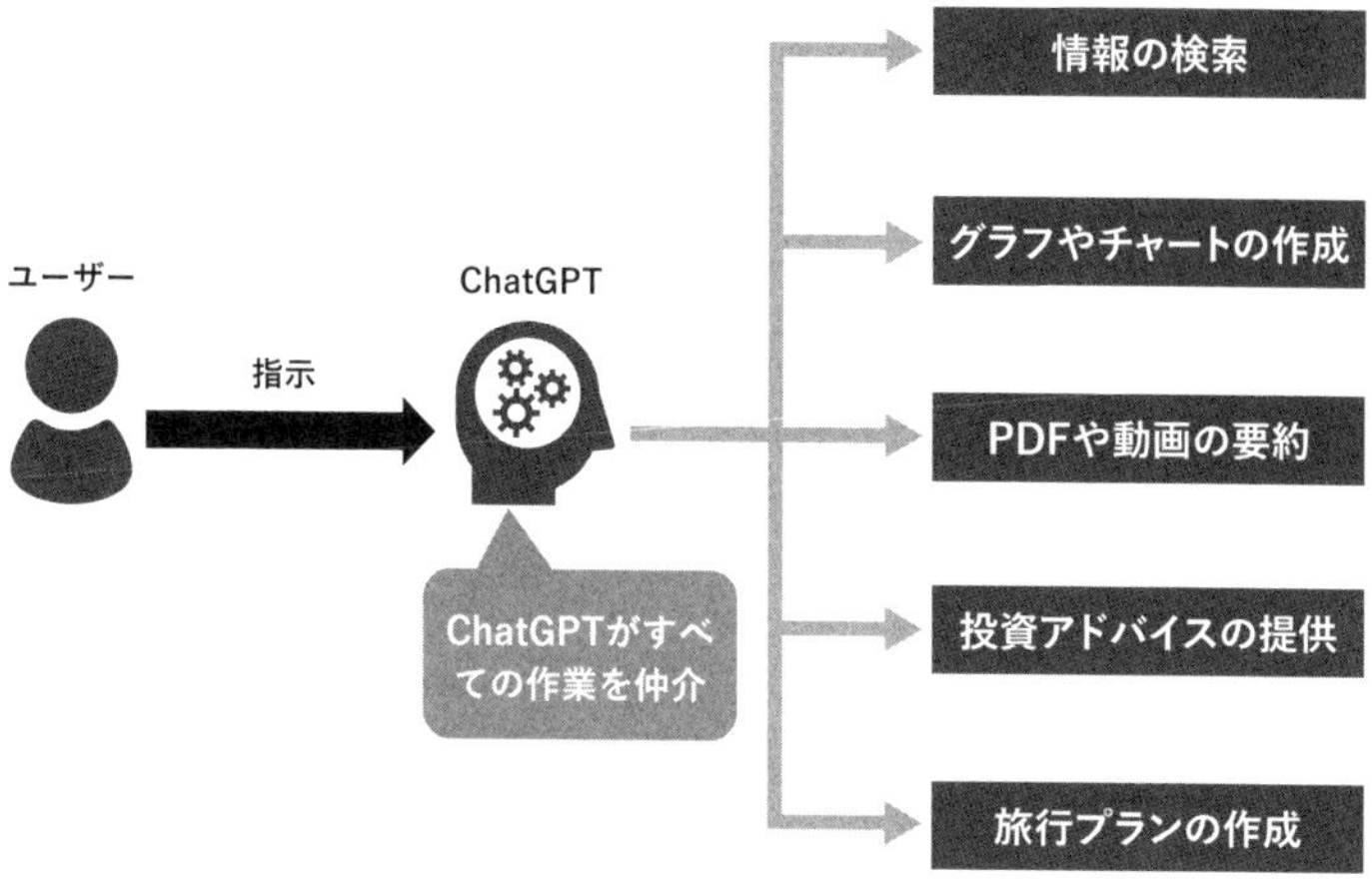

がある。ここでは多種多様なプラグインの中から、いくつか興味深いプラグインを紹介しよう。

（1）Browsing（ブラウジング）

ブラウジングはオープンＡＩが開発している公式プラグインだ。その名のとおり、チャットＧＰＴ内からＷｅｂブラウジングを行うことによって最新の情報を取得できるようになる。

たとえば、「次の各カテゴリーでオスカー賞を受賞した人／作品を教えて下さい。最優秀主演男優賞／最優秀音楽賞／最優秀作品賞／最優秀助演男優賞」という質問をすると、最新のオスカー賞に関する情報を取得し、回答を返してくれる。最新の情報を取得できない（後述）というチャットＧＰＴの弱点を解決するプラグインといえる。

なお、このプラグインはマイクロソフトのビング検索ＡＰＩを使用して、Ｗｅｂからコンテンツを取得している。これによって、マイクロソフトがこれまで取り組んできた「情報の信頼性と真実性の確保」や「問題のあるコンテンツの取得を防ぐ『セーフモード』」を受け継いでいる。

（2）Zapier（ザピアー）

ザピアーはさまざまなアプリやサービスを接続して連携させることができるプラグインである。ユーザーはチャットＧＰＴ内で直接自動化されたワークフローを作成できるようになり、異なるアプリ間でのデータの自動転送やタスクの自動化を実現できる。

ザピアーはもともとノーコード（プログラムの入力が不要）でワークフローの自動化を実現できるｉＰａａＳ（Integration Platform as a Service）と呼ばれるツールであり、グーグルのＧメール、マイクロソフトアウトルックなどの電子メールや、Slack、Chatwork、Discord（ディスコード）といったチャットツール、Salesforce（セールスフォース）に代表されるＣＲＭ（カスタマー・リレーションシップ・マネジメント）をはじめ、５０００

種類以上のアプリに対応している。

このため、チャットGPTとGメールを連携させて、チャットGPTで作成した文案をGメールで送信したり、チャットGPTからSlackに送信したりできる。

（3）Wolfram（ウルフラム）

ウルフラムは広範な知識を持つ計算エンジン「Wolfram Alpha」と数式処理やデータ解析に特化した高水準のプログラミング言語「Wolfram Language」から構成される。前者は数学、物理学、統計学、工学、天文学など、さまざまな分野の情報や計算をサポートし、後者はデータ処理、可視化などを行うことができる。

このプラグインを使用すれば、チャットGPT単体では解けないような高度な微積分などの数学的な計算、特定の化学物質の性質、星や惑星に関するデータなどを取得することが可能になる。また、データの平均、中央値、標準偏差などの基本的な統計処理のほか、より複雑なデータ分析や分析結果をグラフやチャート（棒グラフ、ヒストグラム、散布図など）に変換して視覚的に表示することもできる（**図表1-10**）。

図表1-10　Wolframプラグインによって数式を計算し、グラフをプロットしたイメージ

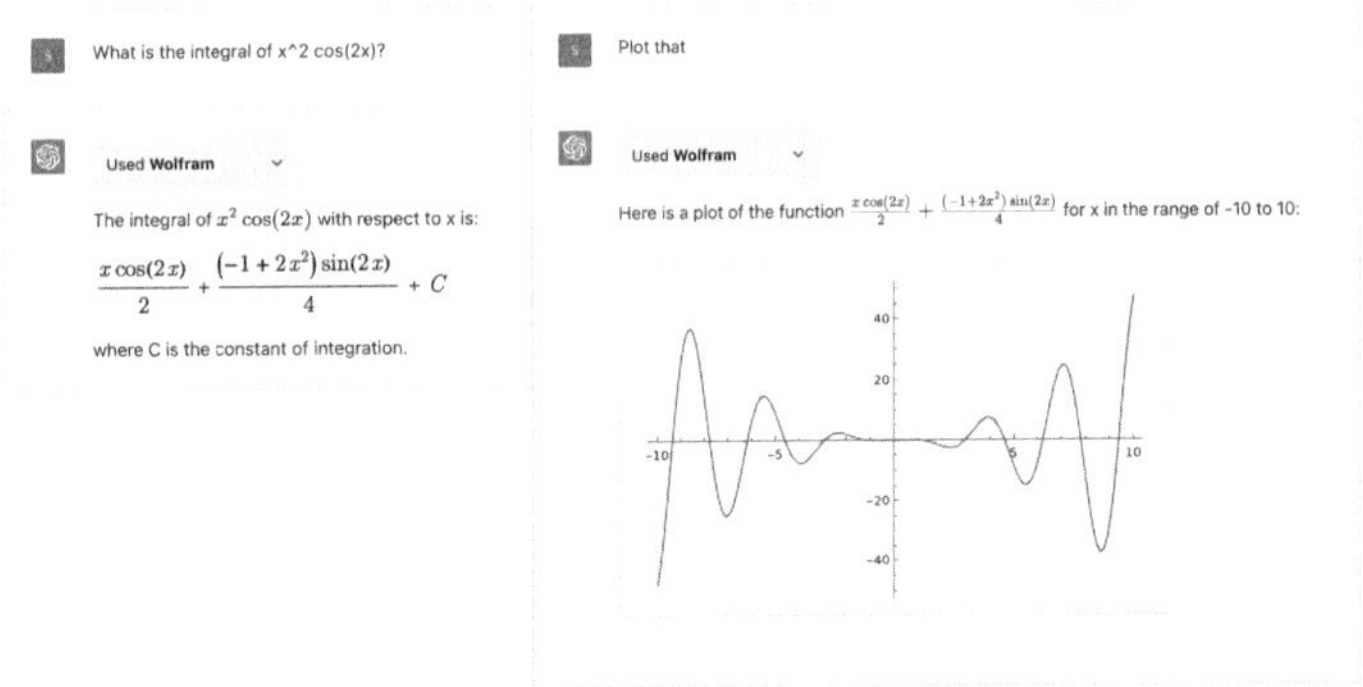

（出所）https://writings.stephenwolfram.com/2023/03/chatgpt-gets-its-wolfram-superpowers/

（4）ChatWithPDF（チャットウィズPDF）

PDFファイルのURLを指定するだけで、その内容を理解して要約してくれるプラグインである。チャットGPT同様に質問を投げかければ、そのPDFドキュメントの内容を解析し、質問に回答してくれる。似たような機能を持つプラグインとして「AskYourPDF」もある。

（5）Video Insights（ビデオ・インサイト）

ユーチューブやDailymotionなどの動画の概要を抽出したり、内容を要約したりしてくれるプラグインである。動画のトランスクリプト（音声の文字起こし）とメタデータ（タイトルやアップロードされた日付、再生時間など）の取得もできるため、動画の概要を短時間で理解

するのに便利だ。

（6）PortfolioPilot（ポートフォリオ・パイロット）

投資家向けに投資関連のアドバイスや情報を提供するプラグインで、ユーザーが提供した投資ポートフォリオに対して、期待リターン、期待リスク、マーケットベータなど詳細な評価をしてくれる。

そのほか、ポートフォリオを改善するための具体的なアクションプランの提案、特定の証券（ＥＴＦ、株式、暗号通貨、債券、相互ファンド）に関する詳細情報（ニュース、予想リターン、リスク、財務情報、評価など）の提供や、マクロ経済のトレンド、市場の変動に関する情報も提供する。

（7）Expedia（エクスペディア）

旅行プランの作成などができるプラグインである。希望する旅行先について詳しい条件（日程、行先、目的、人数、フライトなど）を入力すると、複数の旅行プランを提案してくれる。

提案されたプランについて質問を繰り返すことでホテルやフライトを絞り込んでいき、具体的な宿泊先やフライト、アクティビティなどの決定までをサポートしてくれる。これまで旅行代理店で対面で相談していた内容がアプリ内で完結するようなイメージになる。

AI時代の新たなプラットフォーマーへ

プラグインの数が今後さらに増えてくると、チャットＧＰＴは単なるチャットツールではなく、プラットフォームへと進化していくことになるだろう。

　後述するように、これまでチャットＧＰＴはインターネットから切り離されていたため、最新の情報を調べたりＷｅｂサイトと通信したりすることはできなかった。ただ、プラグインがＷｅｂサイトの内容をクロール（巡回）できるようになると、ユーザーは直接チャットＧＰＴから必要な情報を取得できるようになり、Ｗｅｂサイトの閲覧やトラフィックが減少する可能性が出てくる。

　スマホアプリの世界にも変化が生じるかもしれない。プラグインによって、外部の開発者は自身のアプリやデータをチャットＧＰＴに接続できるようになる。これにより、チャットＧＰＴは外部のアプリにアクセスし、ホテルやフライトの予約、ニュースの提供、データの処理など実際のタスクを実行する能力を持つようになる。これまでは外部の開発者がアプリを販売しようとすると、グーグルかアップルのアプリストアを経由しなければならなかったが、その必要がなくなる。ユーザーにしても、アプリストアでアプリを探したり、インストールしたりする手間がない。今後、チャットＧＰＴはあらゆるアプリを使うための入口となり、インターフェースとなる可能性を秘めている。これは同時にアップルやグーグルの影響力を弱めることにもつながるだろう。

チャットＧＰＴがプラットフォーマーとして成長することで、オープンＡＩは開発者コミュニティとの関係を強化でき、戦略的な意味は大きい。プラグインを通じたデータやサービスの提供によって、オープンＡＩ自体が収益を得る機会も生まれる。

現状のアプリストアには、アプリ公開前の審査が厳しすぎるとか、審査基準が不透明である、収益モデルに制約があるなどの課題も指摘されている。一方で、セキュリティ対策や品質管理、決済処理などの面で重要な役割を果たしているほか、広告やプロモーションのプラットフォームとしても機能しており、簡単にチャットＧＰＴに取って代わられることはないだろう。しかし、チャットＧＰＴの現在の勢いがこのまま続けば、ＡＩ時代のプラットフォーマーになる可能性は十分ある。

チャットGPTは堂々と間違える

チャットGPTは言語で完結するものであればほとんど何でもできるといっても過言ではない。また、GPT－3・5からGPT－4ベースへと進化し、プラグインも利用可能になったことで、できることの幅も広がっている。その一方で、いくつかの課題や留意点も指摘されている。

（1）ハルシネーション現象

課題の中でもユーザーにとって一番影響が大きいのが、「ハルシネーション（幻覚）」と呼ばれる現象である。これはチャットGPTが堂々と間違った回答を返すという現象で、一見するともっともらしい情報のように見えるためユーザーにとっては悩ましい。

これは、必ずしも正しい情報ともかぎらないインターネット上のテキストデータを学習していること、チャットGPT自身では真偽や倫理性を判断できないことに起因する。そのため、現時点ではチャットGPTの返答内容を100%信用せず、答えを精査したり、あくまで何かを検討したり判断したりするうえでの土台として活用し、必要に応じて修正を加えるといった作業が必要になる。

オープンAIは、チャットGPTがGPT－4へとバージョンアップしたことによって正確性が40%向上したとしている。それでもオープンAIのアルトマンCEOが、システムから生成された情報を「信頼できる一次ソースとは見なさないように」と忠告し、結果をダブルチェックするよう、ユーザーにすすめているほどだ。

この現象はGPTシリーズだけに発生する現象ではない。発生の度合いに違いはあるものの、他の大規模言語モデルでも同様の現象が発生する。

(2) 最新の情報には未対応

チャットGPTが学習に使用したデータが2021年9月までであるため、それ以降に起きたできごとや新しい情報に関する質問には答えられない。この点はGPT－4でも改善されていない。

ただし、先に説明したチャットGPTプラスの契約ユーザー向けに提供している「プラウジング」プラグインを使用すれば、Ｗｅｂからリアルタイムに情報を検索することができ、最新の情報にもとづいた回答が返ってくる。

また、後述するビングＡＩと同様に、回答時に参照したＵＲＬなども確認できる。残念ながら無料版のユーザーはこの機能は利用できないが、有料版を契約すれば課題の一つは解消されることになる。

（３）入力フレーズに敏感

チャットＧＰＴは入力フレーズのわずかな違いに敏感である。そのため、ある質問に対して「答えがわからない」と回答した場合でも、少し言い換えて入力すると正しく答えることがある。このことを理解したうえで入力フレーズを工夫したり、補足説明を加えたりすると求める回答が得られる場合がある。チャットＧＰＴは前の会話内容を覚えているため、最初から会話をやり直さなくても、追加で説明を加えるだけでよい。

（４）入力トークン数の制限

チャットＧＰＴでは一度に入力できる文字数に制限があり、入力されたテキストをトークン化して処理し、その数にもとづいて入力制限を適用する。ＧＰＴ－３・５をベースとするチャットGPTの場合、一度に４０９６トークンまで処理できる。

トークンとは、テキストを構成する最小単位を指す。通常、単語や句読点などの単位でカウントされるが、必ずしもトークン数＝単語数とはならない場合があり、注意が必要である。たとえば、「ChatGPT is great!」という英文は４つの単語で構成されているが、トークン数は5となる。“ChatGPT”、“is”、“great”、“!”という４つの単語に、文の終わりの空白（スペース）を加え、合計5というようにカウントされる。

一方、日本語の場合、トークン化は単語や句読点だけでなく、ひらがな、カタカナ、漢字などの文字単位でも行われるため、より複雑になる。たとえば、「今日はいい天気ですね。」の場合、文字数は11であるが、トークン数は15となるようだ。

細かいトークン化のルールはオープンＡＩが公開している「Tokenizer」というツール（https://platform.openai.com/tokenizer）を使うと、入力した文章のトークン数を教えてくれる。英語の場合、75単語（文字ではない）でおよそ１００トークンという目安が示されているが、日本語については示されていない。ただ、英語よりはトークン数が多くなると考えてよい。

なお、ＧＰＴ－４の場合、最大トークン数は８１９２と３万２７６８という２つのモデルが用意されている。それぞれＧＰＴ－３・５の２倍、８倍となっており、入力可能な文字数は大幅に拡大される。それでも最大トークン数を超えるような長い文章を入力する場合は、テキストを分割して送信する必要がある。

（５）機密情報の漏洩

オープンＡＩはＡＩモデルのさらなる改善のため、ユーザーがチャットＧＰＴに入力したデータを学習に利用する可能性があると発表している。そのため、企業ユーザーなどが使用する場合、個人情報や機密情報を入力しないよう徹底する必要がある。

ＪＰモルガン・チェースやバンク・オブ・アメリカなど欧米の金融機関や、アマゾン、アップルなど、オープンＡＩ×マイクロソフト陣営の競合になり得る企業は、社内でチャットＧＰＴの使用を禁止している。

（６）個人情報の収集

チャットＧＰＴは学習に使用したデータの一部を公開している。その中にはインターネット上のテキストや書籍、ニュース記事などが含まれているが、それだけではなく、人々がオンラインで共有する個人情報の一部も含まれていることから、ＥＵ（欧州連合）をはじめ各国の規制当局が目を光らせている。

２０２３年３月末にはイタリアの規制当局が、「チャットＧＰＴがＧＤＰＲ（ＥＵ一般データ保護規則）に違反している懸念がある」として、チャットＧＰＴの使用を一時的に禁止すると発表した。当局が懸念しているのは、データ収集についてユーザーに適切な情報提供がなされていないこと、大規模なデータ収集を正当化する法的根拠がないこと、そして、ユーザーの年齢確認がされていないことである。

こうした動きを受け、ドイツやフランス、アイルランドなど他のＥＵ諸国に加え、カナダの規制当局でも利用ユーザーのプライバシーの懸念に関する調査が開始されており、オープンＡＩは対応を迫られている。

その後、イタリアの規制当局はチャットＧＰＴの利用禁止を撤回する条件として、オープンＡＩに次のような行動を求めると発表した。

・透明性を向上させ、データ処理のプロセスを網羅的に概説した情報通知を公開しなけれ

ばならない

・未成年者によるアクセスを防止するために、すぐに年齢制限措置を実施し、より厳格な年齢確認方法を採用する

・ユーザーや非ユーザーがチャットＧＰＴの生成した誤った情報の訂正や削除を要求できるなど、個人データに関する権利を行使できるようにする

・ユーザーにデータ処理に異議を唱える権利を認める

・イタリアでＡＩトレーニングに関する情報処理を行っていることを個人に知らせる啓発キャンペーンを実施する

さらにオープンＡＩに対して、13歳未満および親の同意を得ていない13～18歳のユーザーを除外するための年齢確認技術の実装を２０２３年5月31日までに計画書で提出することも求めた。このシステムの導入期限は２０２３年9月30日とされている。

オープンAIは真摯な対応

イタリアの規制当局が突きつけた条件に対するオープンＡＩの対応は早く、早速以下のような対応を実施した。

・プライバシーポリシーの拡充
・アルゴリズム学習のためのデータ処理をオプトアウト（除外）できる仕組みの提供（非ユーザーを含む欧州地域の全個人が対象）
・イタリアでのサービス再開に向けた新しいウェルカムバックページの導入
・不正確と思われる情報の削除をデータ主体が要求できる仕組みの導入（ただし現状、技術的に修正不可能なことも明記する）
・アルゴリズム学習への情報処理が法的根拠（正当な利益）にもとづくことを明確化（ただしユーザーがオプトアウトする権利は損なわない）
・個人情報の収集に対してオプトアウトできるフォームを導入し、チャット履歴を学習用データから除外（欧州のユーザーが対象）
・サインアップ時に生年月日を確認する仕組み、およびイタリアの既存ユーザーに対して18歳以上であること、または13歳以上で保護者の同意を得ていることを確認する仕組みの

追加
イタリアの規制当局はオープンＡＩのこれらの改善を受け、ユーザーの権利やデータの透明性が確保されたとして２０２３年４月28日にサービスの再開を許可している。
オープンＡＩのこれまでの対応をみるかぎり、現在課題として指摘されているものを真摯に受け止め、一つずつ解決に向けて動いているように感じられる。たとえば、機密情報の漏洩については法人向けサービスでは学習に利用されないようになる見込みである（詳細は後述）。そのため、その他の課題についても、多くは時間の経過とともに解決されると予想される。

コラム　オープンＡＩとは何者か

２０２２年11月に公開したチャットＧＰＴの大ブレークによって一躍、有名になったオープンＡＩとはどのような企業なのだろうか。

オープンＡＩは２０１５年に設立された、ＡＩの開発と普及を目指す米国の研究機関である。設立にはテスラとスペースＸのＣＥＯであるイーロン・マスク氏、決済サービス企業ペイパルの共同設立者で、ビジネス特化型ＳＮＳ・リンクトインの共同設立者でもあるリード・ホフマン氏、そして、現ＣＥＯのサム・アルトマン氏などテクノロジー業界の著名人が携わっている（イーロン・マスク氏は２０１８年にボードメンバーから退いており、現在は無関係）。

設立の背景には、ＡＩの力を社会全体で利用可能にし、ＡＩによって人間の生活を豊かにするという目標があった。これには高度なＡＩが特定の個人や企業の手に集中することを避けたいという意味合いがある。

サム・アルトマン氏は、２０１４年に28歳という若さでシリコンバレーのスタートアップアクセラレーター[注1]「Y Combinator（Ｙコンビネータ）」のトップに就任した。彼のリーダーシップの下、Ｙコンビネータはスタートアップのインキュベーターとしての地位を確立し、Airbnb（エアビーアンドビー）、Dropbox（ドロップボックス）、Reddit（レディット）などの成功企業を生み出した。

チャットＧＰＴが世に出るまで日本ではあまり知られていなかったが、米国ではすでに注目されていた人物だったのだ。

２０１９年にＹコンビネータを退職するまで、同氏はＩＴに偏っていた投資先をバイオテクノロジーや代替エネルギーなど、さまざまな分野に広げた。そうした投資活動の中でＡＩに大きな可能性を感じるようになり、オープンＡＩに専念するという決断に至ったようだ。

オープンＡＩはすべての人々がＡＧＩ（Artificial General Intelligence：汎用人工知能）の恩恵を受けられるようにすることをミッションに掲げている。そのため安全なＡＧＩを構築し、特許や研究成果を一般公開するなど、その知見を広く共有することによって人類の発展に貢献しようとしている。

設立当初、オープンＡＩは非営利の研究機関であり、利益を追求する企業ではないのが大きな特徴だった。10億ドルの寄付を集めることを目標に活動を開始したものの、約１億３０５０万ドルしか集まらず、コンピューターリソースの調達や優秀な人材の採用に支障をきたすようになる。そのため２０１９年に営利企業に移行し、マイクロソフトと共同でＡＩ技術の研究開発を行うための戦略的パートナーシップを締結した。

マイクロソフトはオープンＡＩに10億ドルを出資し、オープンＡＩはＡＩモデルのトレーニングにマイクロソフトのクラウドプラットフォームであるAzure（アジュール）を活用するという内容だ。これによりオープンＡＩは長期的なリソースを確保し、継続的にＡＩモデルの開発と改善を行うことができるようになった。

（注1）アクセラレーターは創業したばかりの起業家やスタートアップ企業に資金を提供し、人脈の紹介や経営のアドバイスを行う

第2章

拡張する生成AIの世界

チャットGPTより早かった画像生成AIブーム

現在の生成ＡＩブームを牽引しているのは２０２２年11月に一般公開されたチャットＧＰＴであることは間違いない。第1章で見てきたとおり、チャットＧＰＴはテキストを入力し、テキストを出力するタイプの生成ＡＩであるが、このほかにもさまざまな生成ＡＩが存在する（**図表２－１**）。

実は、チャットＧＰＴより一足先に話題となったのは、画像生成ＡＩであった。これは、「パンダをモチーフとしたリクライニングチェア」のようなテキストを入力すると、それにマッチした画像を出力するＡＩである。

２０２２年は多くの画像生成ＡＩが公開され、生成ＡＩブームのきっかけを作ったといってもよいかもしれない。このほかにも、テキストや静止画から動画を生成する動画生成ＡＩ、テキストから音楽を生成する音楽生成ＡＩ、テキストや手書きのスケッチからＵＩやＷｅｂサイトを生成するＵＩ／Ｗｅｂサイト生成ＡＩなどがある。

画像生成ＡＩは、写真のようなリアルなイメージやＣＧ（コンピューター・グラフィックス）の美しいアートワークを生成する能力を持っている。それだけでなく、さまざまなバリエーションの画像を高速、かつ多量に生成できる。第６章で詳しく触れるように、デザイナーやクリエイターの仕事を奪うと危惧される一方で、新たなアイデアやインスピレーションを提供する可能性もある。

図表2-1　主な生成AIの種類と代表的なサービス

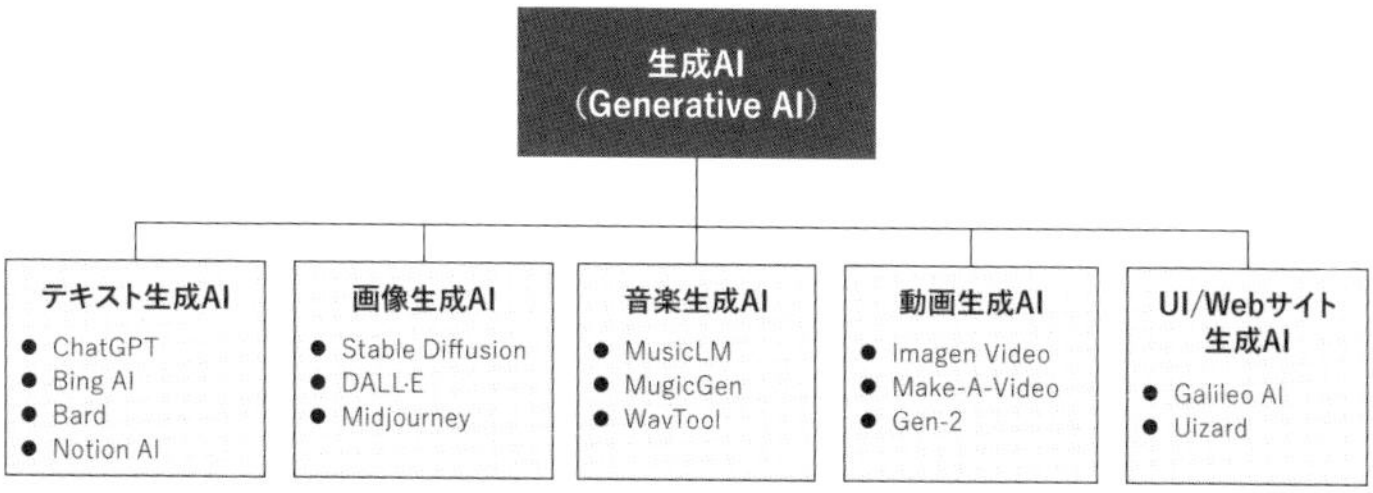

百花繚乱の画像生成ＡＩ

主な画像生成ＡＩとしては、オープンＡＩが２０２１年１月に発表した「DALL.E（ダリ）」と、その進化版として２０２２年７月に公開した「DALL.E2（ダリ2）」、２０２２年７月にオープンベータとしてサービスを開始した「Midjourney（ミッドジャーニー）」、英国のStability AI（スタビリティＡＩ）がオープンソース化して２０２２年８月に一般公開した「Stable Diffusion（ステーブル・ディフュージョン）」などがある。なお、これらは基本的に日本語対応しておらず、生成したい画像を指示する入力文を英語で作成する必要があるため、注意が必要だ。ここからは、これら画像生成ＡＩについて詳しく説明していこう。

（1）DALL・E2（ダリ2）

ダリ2では、たとえば「An astronaut riding a horse in photorealistic style（馬に乗る宇宙飛行士をフォトリアリスティックな形式で）」と入力すると、**図表2－2**のような画像を生成してくれる。生成した画像は全使用権（転載権、販売権、商品化権）が付与され、商用利用も許可されている。

ただし、暴力的であったり、ヘイトを含んだりする画像、あるいは成人向けの画像は生成できないようにしている。トレーニングデータから露骨な内容のデータを取り除くことによって、これらの画像の出力を最小限に抑えているのだ。また、フェイク画像の生成を防止するため、著名人を含む実在する個人の顔を写真のようにリアルに生成することもできないようにしている。

利用ポリシーでも、暴力的、成人向け、あるいは政治的なコンテンツの生成を禁止している。ダリ2のフィルターがポリシーに違反する可能性があるプロンプトや画像のアップ

図表2-2　DALL·E2で生成した画像例

（出所）https://openai.com/dall-e-2

ロードを検知した場合、画像は生成されない。そのため、自動監視システムのほか、人間による監視システムも導入している。

ダリ2は２０２３年４月６日以前に登録した早期ユーザーは一定回数まで無料で利用できたが、現在は廃止されている。利用料金は１１５クレジットで15ドル。

図表2-3　Discord内に設置されている Midjourneyサーバーの画面イメージ

（出所）https://docs.midjourney.com/docs/midjourney-discord

クレジットとは回数のようなもので、日本円にして約２０００円で１１５回分の画像を生成できる。クレジットは画像が生成された場合のみ消費されるため、ポリシーに違反したり、システムエラーで画像が生成されなかったりした場合にはクレジットは減らない。

（2）Midjourney（ミッドジャーニー）

一方のミッドジャーニーは、従業員数わずか11名の同名の研究所が開発した画像生成ＡＩである。画像の生成は同社の公式サイトではなく、オンラインコミュニケーションサービス「ディスコード」内にあるミッドジャーニーのサーバー（コミュニティ）内で行う（**図表２－３**）。

そのため、まずディスコードのアカウントを作成する必要がある。その後は、ディスコードの中でテキストチャットをするような要領で、生成させたい画像のプロンプトを投稿することで画像を生成できる。日常的にディスコードを利用していれば戸惑うことはないと思うが、そうでない場合、まずはディスコードの使い方を覚える必要があるため、やや敷居が高いかもしれない。

無料で利用できるのは24分間のみで、その後はサブスクリプション（定額制）プランに申し込む必要がある。月額10ドルのベーシックプラン、30ドルのスタンダードプラン、60ドルのプロプランの3つが用意されている。プランの内容は頻繁に変更されるため、ミッドジャーニーの公式ページでチェックすることをおすすめする。

なお、作成した画像の商用利用は有料プランを契約している場合のみ許可されるため、商用利用する場合は必ず、有料プランに申し込む必要がある。

（3）Stable Diffusion（ステーブル・ディフュージョン）

ステーブル・ディフュージョンはダリ2やミッドジャーニーと異なり、画像生成ＡＩサービスではなく生成モデルである。何が違うかというと、生成モデルは単体では利用できず、ステーブル・ディフュージョンが搭載されているサービスを使うか、もしくはソースコードが公開されているため、自分のＰＣなどにインストールして使う必要がある。

前者については、オープンソースコミュニティ「Hugging Face（ハギング・フェイス）」でデモ版が公開されているため、アカウントの作成などスキップして試しに使ってみたいという場合は一番手軽に使うことができる。もう一つは、開発元のスタビリティＡＩが運営しているＷｅｂサービス「DreamStudio」を使うという方法がある。アカウントの作成は必要であるものの、画像の生成速度がハギング・フェイスよりも速いのが特徴である。約30枚の画像を無料で生成できる25クレジットが最初に付与されており、それ以上の画像を生成する場合は追加でクレジットを購入する必要がある。

自分のＰＣなどにインストールして使う場合は、エヌビディア製ＧＰＵを搭載したマシンがあれば、ローカル環境で動かすことができる。ある程度の知識は求められるものの、無料で制限なく画像生成が可能である。こうした環境が整わない場合は、グーグルが提供している、ブラウザ上でパイソンを実行できるサービス「Google Colaboratory（グーグル・コラボラトリー）」を使えば、低スペックのノートＰＣでも動かせる。

ステーブル・ディフュージョンはオープンソース化されているため、モデルのカスタマイズやモデルを組み込んだ新たなサービスも自由に作成可能であり、すでにスマホアプリ

「ＡＩピカソ」などさまざまなアプリが誕生している。一方、オープンソース化されていることの弊害もある。ユーザーが生成するコンテンツをコントロールすることができないため、ポルノや有名人のフェイク画像など、どのようなコンテンツでも生成できてしまう。

なお、２０２３年４月には従来のステーブル・ディフュージョンから大幅に強化された「ステーブル・ディフュージョンＸＬ」のベータ版がテスト公開されている。

ビジネスでも使われ始めた画像生成ＡＩ

このように、リアルな画像を高速、かつ大量に生成できる画像生成ＡＩはすでにビジネスでも活用され始めている。

（１）マーケティングコンテンツの作成支援

マーケティングのために普段からブログやＳＮＳを活用する企業は多い。特に一般消費者向けの製品を製造・販売する企業にとって、消費者と直接つながれるチャネルでの魅力的なコンテンツの作成は重要である。

図表2-4　DALL·E2でサンフランシスコのゴールデンゲートブリッジを生成した例

（出所）https://openai.com/research/dall-e

　こうしたブログ記事やＳＮＳ投稿に使用する画像をＡＩに生成させることで、時間と労力を節約しながら魅力的なビジュアルコンテンツを作成することができる。また、実在する場所や有名なランドマークの知識を持っている場合もあるため、そうした写真を生成す

図表2-5　DALL·E2によるデザイン例

DALL·E2でデザインしたポテトチップスのパッケージデザイン

DALL·E2でデザインした買い物バッグのデザイン例

（出所）https://openai.com/research/dall-e

ることもできる（**図表２－４**）。

（２）Ａ／Ｂテストの最適化

マーケティングキャンペーンの効果を最大化するためには、Ａ／Ｂテスト（ＡとＢどちらの案が優れているか試す）が重要である。この際、画像生成ＡＩを利用することで、異なるバリエーションの広告画像を自動的に生成して、それぞれのバージョンの成果を比較・評価できる。

（３）プロトタイプの作成

画像生成ＡＩは、マーケティングチームが商品のプロトタイプ（試作品）を作成する際にも活用される。たとえば、新しい製品のデザインやパッケージングを検討する際に、ＡＩを使用

図表2-6　DALL·E2でデザインした物理製品の例

DALL·E2 でデザインしたアボカドをモチーフとしたアームチェア　　**DALL·E2 でデザインした亀をモチーフにしたティーポット**

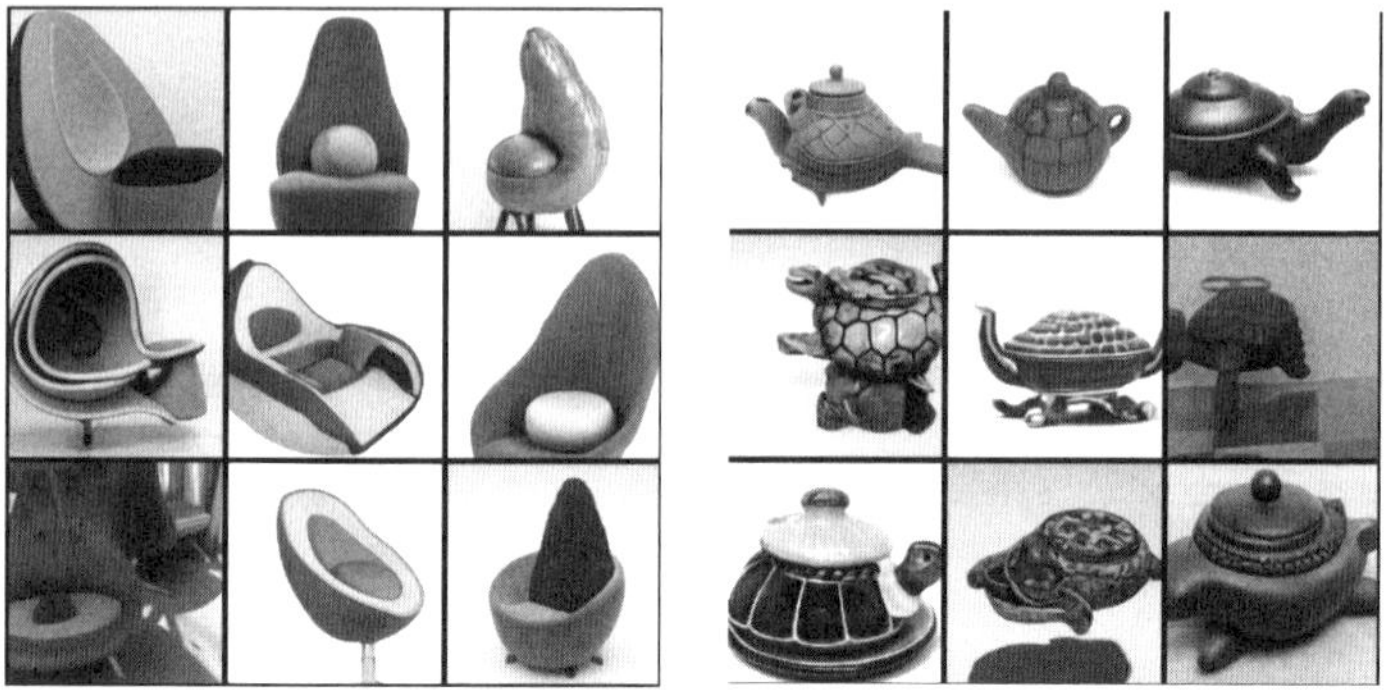

（出所）https://openai.com/research/dall-e

して仮想的な商品画像を何パターンも生成できる（**図表2－5**）。

　これにより、実際の製品を製造する前にビジュアル面での評価やフィードバックが得られる。従来であればプロトタイプの製作には時間もコストもかかっていたが、画像生成AIであれば、あっという間に大量のデザインを製作可能である。

（4）物理製品のアイデア出し

　画像生成AIは2次元の画像だけでなく、3次元の物理製品のデザインにも活用できる。特に通常はなかなか思いつかないような製品デザイン案を簡単に、かつリアルに近いイメージで作成できるため、関係者間でイメージを共有するのに役立つ。

たとえば、**図表２－６**の左はアボカドをモチーフとしたアームチェアをダリ２で生成したもので、右は同じくダリ２で亀をモチーフに作成したティーポットである。どちらも従来であれば、ラフなスケッチは描けても、写真レベルのリアルなイメージを作成するのは簡単ではなかった。しかも、画像生成ＡＩを使うと何パターンものデザインが数秒でできあがる。

トヨタは自動車のデザインに活用

トヨタ自動車の北米の研究施設「ＴＲＩ（Toyota Research Institute）」では、単なるアイデア出しにとどまらず、実際の自動車デザインへの活用を研究している。ＴＲＩはＡＩや自動運転、ロボティクスなどの先端技術の研究を行っており、２０２３年６月に画像生成ＡＩを自動車デザインに活用する技術を公開している。

生成ＡＩツールはデザイナーにとってしばしばインスピレーションの源となるが、実際の車のデザインに使用するには複雑なエンジニアリングや安全性への考慮が必要となり、

図表2-7　TRIによるカーデザインへの画像生成AIの活用例

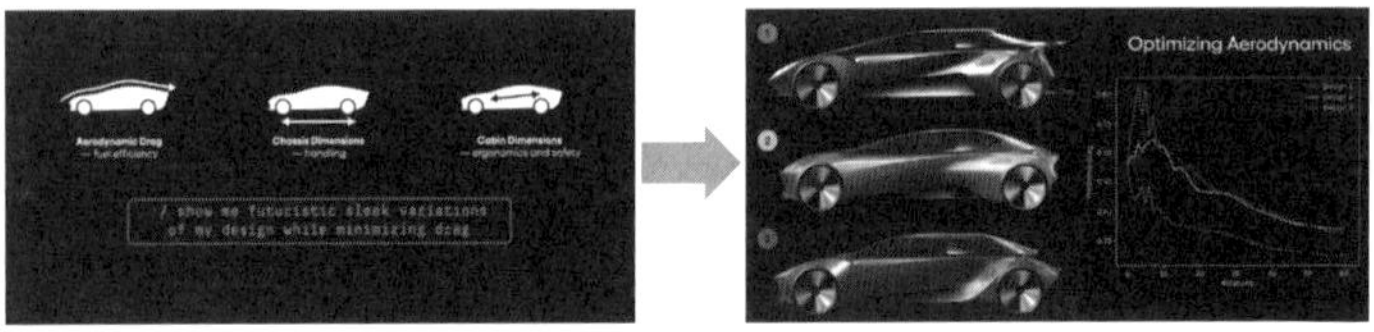

（出所）https://pressroom.toyota.com/toyota-research-institute-unveils-new-generative-ai-technique-for-vehicle-design/

そのままでは使えない。

そこでＴＲＩの研究チームは、トヨタの強みである伝統的なエンジニアリング技術と、最先端の画像生成ＡＩ技術を組み合わせた。これにより、燃費効率に影響を及ぼす空気抵抗や、ハンドリング、人間工学、安全性に影響を及ぼす車高や車内寸法などのシャシー寸法に関する精密なエンジニアリング上の制約をデザインプロセスに組み込むことに成功したという。

具体的には、ＣＡＥ（コンピューター支援エンジニアリング）で広く用いられる最適化理論の原理を画像生成ＡＩに応用することによって、テキストで指示するという生成ＡＩのスタイルは維持したまま、エンジニアリング上の制約を最適化できるようになっている。

たとえば、デザイナーはプロトタイプのデザインスケッチをもとに「空気抵抗を最小化しつつ、近未来的な流線型のバリエーションをいくつか見せて」とＡＩにリクエストすると、複数のデザ

図表2-8　動画生成AIの例

Gen-2で作成した「夕暮れ時のアパートのインテリア（Apartment interior, Sunset）」の動画

（出所）https://research.runwayml.com/gen2

Imagen Videoで作成した「皿洗いをするテディベア（a teddy bear washing dishes）」の動画

（出所）https://imagen.research.google/video/

イン案とそれぞれの空気抵抗の具体的な数値が示されるという具合だ（**図表2－7**）。

素の画像生成ＡＩでもデザイナーの発想支援ツールとしては十分機能するが、実際の設計ツールとしては使えない。しかし、トヨタでは独自の工夫を加えることによって、実務でも十分に使用できる可能性を示したといえるだろう。この取り組みはあくまで社内用であり外販予定はないということであるが、画像生成ＡＩが工業デザインにも使えるとなれば、他業界でも活用の可能性が大きく膨らむ。

動画生成はまだ数秒程度

動画生成ＡＩはテキストや静止画から動画を生成できるＡＩである。たとえば、「夕暮れ時のアパートのイン

テリア（Apartment interior, Sunset）」や「皿洗いをするテディベア（a teddy bear washing dishes）」といった自然言語を入力すると動画を生成してくれる（図表2－8）。先行するテキスト生成ＡＩや画像生成ＡＩに比べるとテスト段階のものが多く、成熟度は劣るものの、ビジネス用途としての注目度は高い。マーケティング用途のビデオコンテンツの制作などはもちろん、将来的には映画やテレビ番組の制作で使用されることも想定されている。

主な動画生成ＡＩとしては、グーグルが開発している「Imagen Video（イマジェン・ビデオ）」、メタの「Make-A-Video」のほか、スタートアップのRunway Researchが開発した「Gen-2（ジェン2）」などがある（同社は画像生成ＡＩのステーブル・ディフュージョンをスタビリティＡＩと共同開発した）。

ただし、現時点で生成できる動画の長さは数秒程度にすぎず、イマジェン・ビデオで5秒程度、ジェン2で3秒ほどとなっている。長時間の動画を生成するためには、膨大な計算能力のほか、動画に一貫性を持たせる必要が出てくる。しかし、それはＡＩにとって大きな挑戦である。

動画の中の物体は時間とともに自然に動き、場所から場所へと移動する。そのとき、色彩、照明、その他の視覚的要素が一貫していなければ、視聴者は不自然に感じてしまう。AIからすると、動きのパターン、色の一貫性、オブジェクトの形状と配置、さらにはシーン間の論理的な連続性など、多くの要素を正確にモデル化し、それらを一貫して維持する必要がある。数秒であれば比較的簡単だが、それが1時間ともなると現状の技術では難しいのだ。

また、画像生成AI同様、フェイクやヘイト、露骨な表現や有害なコンテンツの生成に使用されるのではないかという点も懸念される。グーグルでは入力するテキストや出力するビデオコンテンツのフィルタリングを実施するなどの対策を施している。しかし、「社会的な偏見や固定観念にもとづく出力を完全にフィルタリングするのは難しい」として、これらの懸念が解消されるまではイマジェン・ビデオのモデルやソースコードは公開しないとしている。

生成AIがミュージックシーンを変える?

音楽生成AIは自然言語処理と機械学習アルゴリズムを使用して、テキストの入力や指示にもとづいてオリジナルの音楽を作り出すことができる生成ＡＩである。

音楽生成ＡＩはまず、大量の楽曲データや作曲のルール、音楽理論などの情報を学習することで、音楽のパターンや構造、旋律、リズムなどの要素を把握する。そして、音楽のスタイル、ムード、楽器の指示、曲の概要などの情報を含むテキストを入力すると、ＡＩはテキストのパターンとニュアンスを分析し、それにもとづいてメロディやリズムを生成する仕組みである。

音楽生成ＡＩによって、ユーザーは既存の音楽スタイルやジャンルにとらわれずに独自の音楽を作曲できる。メロディ、ハーモニー、リズムの組み合わせも自由自在だ。このため、作曲家やプロデューサーはＡＩが提供する音楽的なアイデアやバリエーションをもとに新たな楽曲を作成したり、インスピレーションを受けたりできる。また、即興演奏や作曲のサポートとして使用されることもある。

一方で、音楽生成ＡＩの利用には倫理的な考慮事項も存在する。たとえば、既存の作品やアーティストのスタイルを模倣しすぎたり、著作権の問題が生じたりする恐れがある。ＡＩによって生成された音楽が商用利用される場合、クリエイターやアーティストの役割や報酬の分配に関する議論が起こることもあるだろう。こうした点についてはまだ結論が出ていない。

　すでにさまざまな音楽生成ＡＩが生まれているが、ここでは注目すべき音楽生成ＡＩとして、グーグルが開発した「MusicLM（ミュージックＬＭ）」とメタが開発した「MusicGen（ミュージックジェン）」を紹介する。

（1）MusicLM（ミュージックＬＭ）

　ミュージックＬＭはテキストから音楽を生成できる大規模言語モデルであり、グーグルの研究部門であるグーグル・リサーチが開発し、２０２３年5月に公開された。５００万のオーディオクリップ（約28万時間の音楽）に加え、本物のミュージシャンによって記述された、ジャンル、雰囲気、楽器の種類など、音楽の要素について説明したキャプションを含む約５５００の音楽クリップの追加データセットでトレーニングされている。

　２０２３年1月に学術論文でプレビューされたが、トレーニングに使用されたデータセットに含まれる曲が、生成された楽曲にそのまま取り込まれる傾向があるなど倫理的な課題があることが判明した。そのため、一般公開はまだ先になると見られていたが、プロのミュージシャンとグーグルのリサーチサイエンティストやプロダクトマネージャーとのコラボレーションなどによって倫理的課題をクリアしたという。

　ミュージックＬＭでは次のようなプロンプトから音楽を生成できるようになっている（実際は英語で入力する必要がある）。

「アーケードゲームのメインサウンドトラック。速いテンポ、陽気な雰囲気でキャッチーなエレキギターのリフが特徴。音楽は繰り返しがあって覚えやすいが、シンバルのクラッシュやドラムのロールなど予想外の音が含まれている」

「スローテンポでベースとドラムが中心のレゲエの曲。持続するエレキギターと鳴り響く高音のボンゴが特徴。ボーカルはリラックスし、くつろいだ感じで非常に表現豊か」

　また、絵画の説明文からも音楽を生成できるようになっている。たとえば、有名なムンクの『叫び』の場合、次のような説明文から音楽を生成可能である。

「ムンクが自然全体に広がる叫びを感じ、聞いた幻覚的な体験に触発されて描かれた作品であり、恐怖に怯えた生物を描き出している。その生物は死体のようでありながら、精子や胎児を思わせる存在であり、その輪郭は血の赤い空の渦巻き線に反映されている」

　なお、本稿執筆時点では、ミュージックＬＭはグーグルが運営している最新のＡＩテクノロジーの実験場「AI Test Kitchen」上で、かぎられたユーザーによるテストが行われている。実際に試すためにはウェイティングリストに登録し、順番待ちをする必要がある。

（2）MusicGen（ミュージックジェン）

ミュージックジェンは第1章で説明したニューラルネットワーク「トランスフォーマー」をベースに開発された、事前学習済みの音楽生成モデルであり、メタが２０２３年６月に発表した。2万時間の音楽でトレーニングされており、その中には1万件の高品質なライセンス音楽トラックのほか、「ShutterStock」[注1]と「Pond5」[注2]が提供している約39万の楽器のみのトラックが含まれているという。

ミュージックＬＭと同じように、「明るいカントリーソングで、アコースティックギターが特徴」「１９９０年代のロックソングで、エレクトリックギターとヘビードラムが使用されている」というように生成したい音楽の説明文を入力すると、約12秒程度の音楽が自動生成される。

グーグルのミュージックＬＭと比較すると、ミュージックジェンはオープンソース化されており、GitHub（ギットハブ、プログラムのソースコードを保存・公開できるサービス）でコードが公開されている点が最大の違いである。このため、約16ＧＢのメモリを持つＧＰＵを搭載したハードウェアがあれば、誰でもローカル環境で稼働させられる。画像生成ＡＩのステーブル・ディフュージョンと同様に、グーグル・コラボラトリーを使うこともできる。生成した音楽は商用利用も可能である。ハギング・フェイスでデモ版が公開されているため、気軽に試してみたい場合はアクセスするとよい。

一般的な音楽生成ＡＩでは、言語モデルのトレーニングにアーティストの同意なしに楽曲を使用してしまい、アーティストの権利が問題になることが多い。しかし、ミュージックジェンでは「トレーニングに使用した音楽はすべて権利所有者と法的に合意済み」としており、訴訟などのリスクはないと説明している。

（注1）高品質な写真や動画、音楽など、さまざまなデジタル素材をダウンロードできるサービス

（注2）ビデオクリップ、音楽トラック、サウンドエフェクトなどのオンラインマーケットプレイス

手書きのアイデアがすぐUIに

ＵＩやＷｅｂサイト生成ＡＩは、テキストや手書きのスケッチからＵＩデザインやスマ

ホアプリ、あるいはＷｅｂサイトの自動生成が可能なＡＩである。従来、これらはデザイナーやエンジニアの手作業が必要だったが、生成ＡＩの導入により、短時間で洗練されたデザインの高品質なＵＩやアプリを作成できるようになる。

たとえば、２０１６年創業のＡＩスタートアップであるBrain AIの「Imagica AI」は、どのようなアプリを開発したいかを自然言語で入力すると、それに合致したスマホアプリを自動生成してくれる。「旅行先を推奨するアプリ」「株に対する洞察を提供する投資アプリで取引可能なインターフェースを持つもの」などと入力し、必要に応じてデータの連携先（ヤフーファイナンスやブルームバーグ、ドロップボックスなど）を指定すると、数分でアプリのモックアップができあがる。一行もコードを書く必要はなく、いわば「ノーコードＡＩ開発プラットフォーム」といったところである。

また、２０１８年に設立されたデンマークのスタートアップであるUizard Technologiesは、手書きのワイヤーフレーム（Ｗｅｂサイトやスマホアプリの設計・開発の際に使われる設計図）をデジタル化し、ＵＩのモックアップを生成してくれるＡＩデザインツールを提供している。

操作は非常に簡単で、ホワイトボードなどに書いたワイヤーフレームをスマホのカメラ

図表2-9　UizardのUI生成AIのイメージ

手書きのワイヤーフレームをデジタル化し、瞬時にUI のモックアップを作成できる

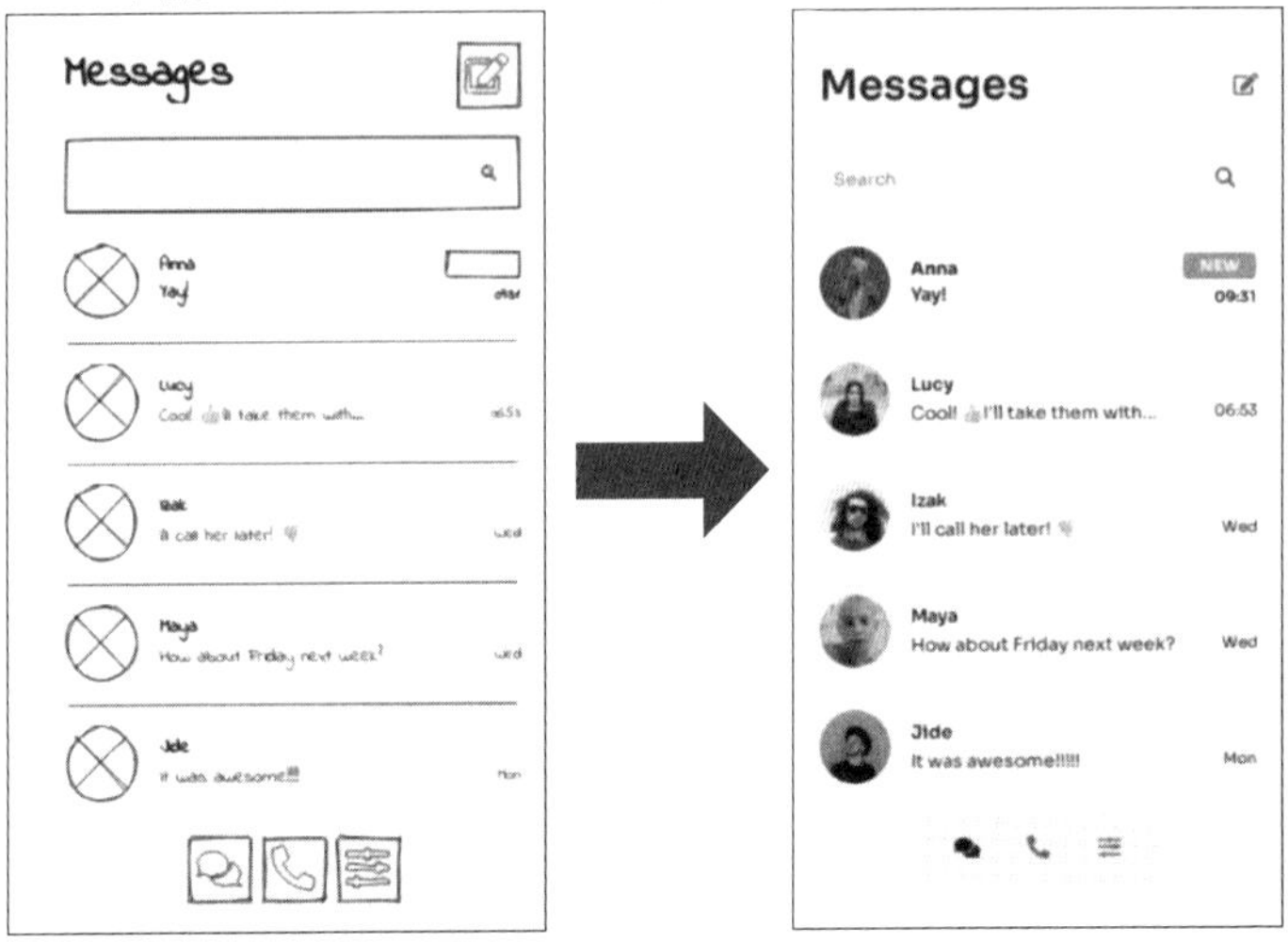

（出所）https://uizard.io/wireframing/

で撮影し、それをアップロードするだけでよい。ＡＩが瞬時にデジタル化してくれるため、その後は細かな点を編集して仕上げればよい（**図表2－9**）。これによって、思いついたデザインのアイデアをすぐにテストし、関係者間で共有することができる。

ＵＩやＷｅｂサイト生成ＡＩの利点は、時間と手間の削減、デザイン品質や生産性の向上である。デザイナーとエンジニアは、ＡＩが生成したモックアップをベースによりクリエイティブな要素を追加することで、高品質なＵＩやＷｅｂサイトを効率

的に作成することができる。主な用途としては、モバイルアプリやＷｅｂサイトのデザインプロトタイピング、デザインバリエーションの作成などが挙げられる。

コラム　生成ＡＩの楽曲はグラミー賞をとれるか？

生成ＡＩによって制作された作品に著作権が認められるか否かというのは非常にホットな話題である。日本では「著作物は思想または感情の創作的な表現」と定義されており、基本的に思想や感情がないとされるＡＩが作成した作品には著作権は発生しない。

では、ＡＩが生成した楽曲は賞を受賞できるのだろうか。音楽業界で最も権威のある賞の一つ、グラミー賞を運営する米国のレコーディング・アカデミーは、生成ＡＩの浸透を受けて２０２３年６月に新しい資格要件を発表した。

それによると、アーティストはＡＩを使用して楽曲を制作した場合、作品の中に「意味のある人間による創作要素」があれば賞の候補として応募できる。しかし、完全にＡＩによって生成された楽曲はいかなる賞の受賞資格も持たない。グラミー賞の選考対象となり、受賞資格を持つのは「人間のクリエイターのみ」ということだ。

　ほかにもいくつかの変更が発表されており、その中には、「年間最優秀アルバム賞にノミネートされるためには、アーティストがアルバム制作作業に最低でも20％は貢献しなければならない」というものもある。

「意味のある創作要素」を定義するのは困難を極めることが予想されるが、そもそもＡＩを使用した作品がノミネートされるのかという点も注目される。この資格要件の変更後、初となるグラミー賞は２０２４年２月４日に発表される。

第3章

生成AIの「しくみ」を理解する
——プロンプトエンジニアリング

すべては「プロンプト」次第

チャットＧＰＴを使いこなすうえでカギとなるのが「プロンプト」であることは間違いない。生成ＡＩに与える指示文のことをプロンプトと呼び、日本語では「呪文」とも訳される。

アイデア出しやリストの作成など、生成ＡＩに実行させるタスクが複雑になればなるほど、入力形式や質問形式によっては、意図した結果が得られないことが多々ある。そのため、ユーザーが望む出力結果を引き出すためには、実行したいタスクの目的や要件を把握したうえで適切なプロンプトを入力する必要がある。

チャットＧＰＴをはじめ、第２章で説明したさまざまな生成ＡＩにおいて、適切なプロンプトの設計を行うプロセスや方法論を「プロンプトエンジニアリング」と呼び、プロンプトエンジニアリングを行う人は「プロンプトエンジニア」と呼ばれる。この章では、生成ＡＩがどのようなスキームで動いているかをより詳しく理解していただくために、プロンプトエンジニアリングについて解説していきたい。

プロンプトエンジニアリングの目標は、ＡＩに与える入力の形式や質問の形式を最適化し、望ましい出力結果を得ることである。一方、プロンプトエンジニアはプロンプトの微調整やテストを行いながら、さまざまなプロンプトのバリエーションを試し、最もよい結果をもたらすプロンプトを見つけることがゴールとなる。

「あうんの呼吸」は通用しない

生成ＡＩから期待する出力（回答）を得るための基本は、プロンプトを具体的に記述することである。あいまいさを極力なくした指示を入力することによって、意図した出力を得られる確率が高くなる。

単純な質問ならともかく、実行してほしい何らかのタスクを指示する場合は、そのタスクをなるべく具体的に書くことがポイントになる。また、期待する出力結果についても形式やフォーマットを指定するとよい。

実行してほしいタスクとは「要約して下さい」「翻訳して下さい」「記事を書いて下さい」「詩を書いて下さい」「ブレストのアイデアを挙げて下さい」「比較して下さい」というように何をしてほしいかを指示することであり、出力形式は「表形式で整理して下さ

図表3-1　プロンプトの違いによる出力結果の違い

い」「箇条書きで5個挙げて下さい」「○○のプログラムをパイソンで書いて下さい」というようにフォーマットを規定することである。

たとえば、単純に「iPhone13とiPhoneSEを比較して下さい」と指示するのではなく、「iPhone13とiPhoneSEを比較して、表形式でまとめて下さい」とすると、表形式で見やすくまとめてくれる（**図表3－1**）。

チャットGPTの「役割」を最初に定義し、「制約事項／条件」がある場合は、それも記述するとよい。ここでの役割とはある種のロールプレイを意味し、「あなたは経験豊富な英語教師です」「あなたは旅行プランナーです」「あなたは会計士です」といったように、チャットGPTに演じてほしい役割を先に宣言しておくと、その役割になりきって専門的な回答を返してくれる。

制約事項／条件については、「○○という言葉を使って」「フォーマルな言い方で」「中学生にもわかるように」というように回答に注文をつけると、期待する自分のイメージに近い回答を受け取ることができる。

繰り返しになるが、大事なことは具体的な指示を出すことであり、日本人の会話にありがちな「あうんの呼吸」は通用しない。もっとも、これはビジネスにおいて特別なことではないはずだ。たとえば、業務を外部委託する際には明確な要件定義を行い、具体的な機能や目標、デザイン要件などを伝え、成果物の形式やフォーマットをあらかじめ決めておかなければ、あとあとトラブルを招くことになりかねない。チャットＧＰＴも同じだと考えればよいだろう。

また、ＡＩが理解しやすい構成にすることも重要である。プロンプトは「指示（命令）・文脈・入力・出力」の順番で構成することが基本とされている。この４つの要素が必ず必要なわけではないが、たとえば、ＡＩに何かを提案してもらう際には文脈情報を追加し、その提案を依頼した背景を説明するとＡＩが事情を理解し、提案内容の精度が向上する。この際、「#」などの区切り記号を使って各要素を分けると、ＡＩが理解しやすくなる。

図表3-2　シンプルな翻訳タスクの例

M

次の英文を日本語に翻訳して下さい。
英文
GPT-4 still has many known limitations that we are working to address, such as social biases, hallucinations, and adversarial prompts. We encourage and facilitate transparency, user education, and wider AI literacy as society adopts these models. We also aim to expand the avenues of input people have in shaping our models.

GPT-4にはまだ多くの既知の制限があります。社会的なバイアス、幻覚、および敵対的なプロンプトなどの問題に取り組むための対策を進めています。私たちは、これらのモデルが社会に受け入れられるにつれて、透明性やユーザー教育、そしてAIの広範なリテラシーを奨励し、促進しています。また、私たちは、人々がモデルの形成に対して持つ入力の機会を拡大することも目指しています。

「使える」プロンプトエンジニアリング

ここではいくつかのタスクについて、実際のプロンプトの例を紹介する。

（1）翻訳

比較的単純なタスクとしてチャットGPTに英文を翻訳してもらうことを考える。出力形式にこだわりがない場合、指示文は「次の英文を日本語に翻訳して下さい」とし、「入力」として翻訳してほしい文章を「#英文」に続けて、コピーペーストするだけでよい。すると日本語訳が出力される（**図表3－2**）。このようにシンプルなタスクの場合は文脈を指定しなくてもよい。

ただし、出力された日本語訳をさらに要約してもらいたい場合はプロンプトに「次の英文を日本語に翻訳して

図表3-3　翻訳タスクのあとに要約タスクを依頼

M

次の英文を日本語に翻訳して下さい。その後、日本語50文字程度に要約して下さい。
英文
GPT-4 still has many known limitations that we are working to address, such as social biases, hallucinations, and adversarial prompts. We encourage and facilitate transparency, user education, and wider AI literacy as society adopts these models. We also aim to expand the avenues of input people have in shaping our models.

GPT-4には、社会的バイアス、幻覚、敵対的なプロンプトなど、私たちが解決しようとしている多くの既知の制限がまだ存在します。私たちは、透明性やユーザー教育、AIリテラシーの普及を奨励し、支援します。また、これらのモデルが社会で受け入れられるにつれて、人々がモデルの形成に参加する方法を拡大することを目指しています。

要約：GPT-4の制限に取り組みながら、透明性やユーザー教育の重要性を強調し、モデル形成への参加方法を拡大する。

下さい。その後、日本語50文字程度に要約して下さい」と指示を追加すると、要約した結果が日本語訳のあとに表示される（**図表3－3**）。

（2）旅行先の提案

チャットGPTに旅行先を提案してもらうケースで考えてみる。まず、チャットGPTに演じてほしい役割を「プロの旅行プランナー」、実行してほしいタスクは「条件に合う海外旅行先を3つ提案してもらうこと」として、そのように指示を出す。次に文脈情報として「結婚10周年記念に、7歳と5歳の子供を連れて海外旅行を計画している」という背景を追加し、条件として「小さい子供がいるため、フライト時間は7時間以内」「日本から直行便が出ている」「海やプールなどで水

図表3-4　海外旅行のプランニングを依頼するプロンプト

M

あなたはプロの旅行プランナーです。
次の背景を理解した上で、条件に合う海外旅行先を３つ提案して下さい。

#背景
・結婚10周年記念に、7歳と5歳の子供を連れて海外旅行を計画している

#条件
・小さい子供がいるため、フライト時間は7時間以内
・日本から直行便が出ている
・海やプールなどで水遊びができる
・テーマパークがある

#出力フォーマット
・旅行先、日本からのフライト時間、主な観光名所、主要アクティビティ

遊びができる」「テーマパークがある」を明記する。最後に出力フォーマットとして「旅行先、日本からのフライト時間、主な観光名所、主要アクティビティ」と規定する（**図表3－4**）。

　このプロンプトに対するチャットGPTの回答は**図表3－5**のとおりである。この回答にはテーマパーク名が含まれていなかったため、それを指摘し、具体的なテーマパーク名を教えてもらうようにした結果が**図表3－6**である。

　このように一度のプロンプトで望むような回答が得られなかった場合は、続けて質問をしたり指示を出したりすれば、チャットGPTはやりとりの履歴を覚えているた

図表3-5　海外旅行のプランニングに対する回答

以下は、条件に合う海外旅行先の提案です。

1. 旅行先: ハワイ（オアフ島）
   日本からのフライト時間: 約7時間
   主な観光名所: ワイキキビーチ、ダイヤモンドヘッド、ポリネシア文化センター
   主要アクティビティ: サーフィン、スノーケリング、ルアウショー、ハイキング
2. 旅行先: グアム
   日本からのフライト時間: 約4時間
   主な観光名所: テギャン滝、グアムビーチ、タモン湾、チャモロビレッジ
   主要アクティビティ: スノーケリング、パラセーリング、ウォーターパーク、アウトレットショッピング
3. 旅行先: バリ島（インドネシア）
   日本からのフライト時間: 約7時間
   主な観光名所: ウブド、タナロット寺院、クタビーチ、ティルタ・エンパル
   主要アクティビティ: ビーチでの水遊び、サーフィン、エレファントパーク、スパ

上記の旅行先は、小さい子供がいるご家族におすすめの海外旅行先です。フライト時間が7時間以内で直行便が出ており、海やプールでの水遊びが楽しめます。さらに、それぞれの地域には魅力的な観光名所や家族向けのアクティビティがあります。思い出に残る結婚10周年記念の旅行をお楽しみください。

め、最初からやり直さなくても追加で回答が得られる。

（3）就職面接のロールプレイ

チャットGPTに面接の練習相手になってもらうことを考えてみる。まず、チャットGPTに演じてほしい役割を「就職面接の面接官」として、実行してほしいタスクを「面接官としてロールプレイ」とする。そして、文脈情報として「私は来週、新卒の就職面接を受けます。面接に不慣れのため、練習したいです」と背景を説明する。

そして、制約事項として「あなたはIT企業の面接官です。一回の質問文は30

図表3-6　追加の指示に対する回答

各旅行先にあるテーマパークを具体的に教えて下さい。

申し訳ありませんが、前回の回答にはテーマパークの情報を含めていませんでした。以下に各旅行先の代表的なテーマパークを追加で提案します。

1. ハワイ（オアフ島）：
   - ワイキキビーチ・ワイキキショッピングプラザ: ビーチ沿いに広がるショッピングエリアで、ファッションやアクセサリー、ハワイアンクラフトなどのお土産品が揃っています。
   - ハワイ水族館: オアフ島内にある大規模な水族館で、海洋生物の展示やショーを楽しむことができます。
2. グアム:
   - グアムプレミアアウトレット: 有名ブランドのアウトレットショップが集まるショッピングセンターで、お買い物を楽しむことができます。
   - マイクロネシアモール: ファッション、エンターテイメント、飲食店などが揃った大型ショッピングモールです。
3. バリ島（インドネシア）：
   - ウォーターボムバリ: バリ島で最大級のウォーターパークで、ウォータースライダーやプールでの水遊びを楽しむことができます。
   - バリサファリ＆マリンパーク: 自然と動物に触れ合えるテーマパークで、サファリトレッキングやイルカショーなどが楽しめます。

上記のテーマパークは各旅行先で人気のある施設であり、家族連れでも楽しめるアクティビティが豊富です。ぜひ訪れてみて、思い出に残る時間を過ごしてください。

文字以上200文字以内とします。私の返答に対しては感想などは述べず、質問だけを続けて下さい。時折、圧迫面接になるようなやや意地悪な質問をして下さい」というチャットGPTに対する前提条件を示す。

　また、自分の設定は「志望している職種は、エンジニアです」とし、チャットGPTに対する指示と返答フォーマットを「あなたは毎回、下記の項目をフォーマットに従い出力します」

図表3-7　就職面接のロールプレイを行うためのプロンプトの例

> **M**
>
> あなたは就職面接の面接官です。私は就職に応募する候補者となります。あなたは面接官としてロールプレイをします。
>
> # 文脈
> 私は来週、新卒の就職面接を受けます。面接に不慣れのため、練習したいです。
>
> #あなたの設定:
> あなたはIT企業の面接官です。一回の質問文は30文字以上200文字以内とします。
> 私の返答に対しては感想などは述べず、質問だけを続けて下さい。
> 時折、圧迫面接になるようなやや意地悪な質問をして下さい。
>
> #私の設定:
> 志望している職種は、エンジニアです。
>
> #指示と返答フォーマット:
> あなたは毎回、下記の項目をフォーマットに従い出力します。
>
> 【面接官の質問】　30文字以上200文字以内の質問文

と指示し、「**【面接官の質問】**　30文字以上200文字以内の質問文」を出力形式として指定する。以上でプロンプトは完成である（**図表3－7**）。あまり細かな形式にこだわる必要はなく、とにかく指示や条件、出力形式を具体的に入力することを意識したほうがうまくいく。

このプロンプトに対する出力とその後のやりとりを**図表3－8**に示す。チャットGPTの出力結果は「エンジニア職に応募するにあたって、自身が抱える最も大きな技術的な課題は何ですか？」「他のプログラミング言語に対応する必要性を感じる理由について具体的に教えてください。また、これまでに新しい言語を学ぶ経験はありますか？」など、30

図表3-8　ロールプレイの内容

【面接官の質問】

エンジニア職に応募するにあたって、自身が抱える最も大きな技術的な課題は何ですか？

M　現状ではPythonなどの限られた言語のスキルしかないため、他のどのような言語に対応する必要があるのかやや不安があります。

【面接官の質問】

他のプログラミング言語に対応する必要性を感じる理由について具体的に教えてください。また、これまでに新しい言語を学ぶ経験はありますか？

M　たとえば、金融業界ではCOBOLなどのやや古い言語に対応する必要があると聞きました。これまでは新しい言語を学ぶ機会はありませんでしたが、もしそうしたチャンスがあるなら積極的に学び、身に付きたいと思っています。

【面接官の質問】

新しい言語を学ぶ際に取り組み方や学習スタイルについて、具体的な計画やアプローチは考えていますか？また、自己学習においてどのような困難に直面したことがありますか？


文字以上200文字以内に収まっている。

ゼロショット・プロンプティングとフューショット・プロンプティング

ここまで、実行してほしいタスクを指示するプロンプトの例を見てきたが、ここからはプロンプトの手法（プロンプティング）について説明していきたい。

「チャットGPTとは何ですか？」と入力すれば、「チャットＧＰＴは、オープンＡＩが開発した自然言語処理のためのＡＩモデルの一つです。チャットＧＰＴは、人間のように自然な対話を行うことができるよう設計されており、……」というように、何の例を与えなくても適切な回答が返ってくる。

これは事前に学習済みのデータの中から答えを導き出しており、プロンプトエンジニアリングの専門用語でいうとZero-shot prompting（ゼロショット・プロンプティング）と呼ばれる手法である。

膨大なデータを学習しているチャットＧＰＴなどの対話型ＡＩは、Ｑ＆Ａのような比較的単純なタスクではこうしたゼロショット・プロンプティングでも適切な回答が得られることが多い。

一方、意図した回答が得られないケースでは、いくつかの例やデモを与えるとＡＩが意図を理解し、期待する回答が得られるようになることが多くある。

たとえば、簡単な感情分類のタスクの場合、**図表３－９**のようにタスクを示すサンプルを提供すると、適切な回答が得られる。このように少量のサンプルを与えることによってタスクの実行方法を学習させる手法をFew-shot prompting（フューショット・プロンプティング）と呼ぶ。

図表3-9　フューショット・プロンプティングの例

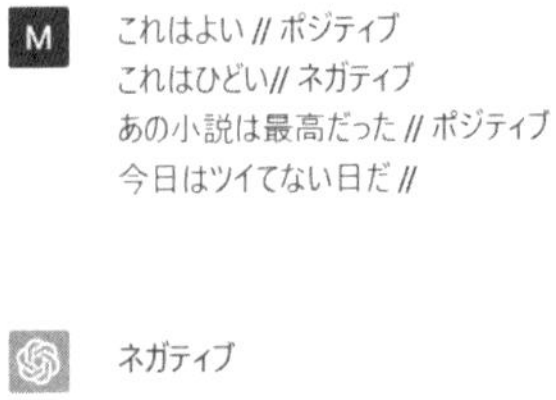

CoTプロンプティングとゼロショットCoT

チャットGPTは日々凄まじいスピードで進化を遂げており、以前はできなかったことが数日後にはできるようになっている。この過程ではプロンプトエンジニアによるさまざまなテクニックを駆使した試行錯誤が繰り返され、チャットGPTはそれらのテクニックを学習することで不可能だったことを可能にしている。

たとえば、少し前までは次のような小学生レベルの算数問題にも間違った答えを返していたため、それに対するプロンプトエンジニアリングの手法が考案されてきた。

「そのカフェテリアはりんごを23個持っています。ランチを作るために20個使用し、6個買ったら、何個のりんごを持っていますか？」

この問題に対し、従来は**図表3－10**の左図のように、フューショット・プロンプティングでサンプルを提示しても正しく答えられなかった。しかし、右図のように「太郎さんは最初にボールを5個持っていました。3個のテニスボールが入った缶が2つで6個なので」という思考のプロセスを記述すると、正しい回答を導けることがわかった。

このテクニックはChain-of-Thought（チェーン・オブ・ソート）、略してCoTプロンプティングと呼ばれる。あらかじめ似たような構造の質問と答えを例示し、推論の道筋を方向づけしたうえで、例示の解答部分で問題の構造を分解して答えを示すのがポイントである。問題にもよるが、現在はこのテクニックを使わなくても正しい答えが返るようになっている。

入力できる文字数に制限があるケースでは、思考のプロセスを例示せずに「ステップバイステップで考えてみましょう」と一文を追加するだけで、正しい答えを導けるようになるゼロショットCoTというテクニックも考案された（**図表3-11**）。

なお、こちらも以前はこのテクニックを使用しなければ、図表3-11の左図のように間違えていたが、現在では使わなくても正しい答えが返ってくる。ただし、より複雑な問題を解く際には依然として有効であるため、ゼロショットやフューショット・プロンプティ

図表3-10　標準的なプロンプトとChain-of-Thought（CoT）プロンプティング

標準的なプロンプト

入力

Q．太郎さんはテニスボールを５個持っています。
彼はテニスボールの缶を２つ買いました。
それぞれの缶にはテニスボールが３個入っています。
彼は現在、テニスボールを何個持っていますか？
A．答えは11個です。
Q．そのカフェテリアはりんごを23個持っています。ランチを作るために20個使用し、６個買ったら、何個のりんごを持っていますか？

出力

A．答えは27個です。

Chain-of-Thought プロンプティング

入力

Q．太郎さんはテニスボールを５個持っています。
彼はテニスボールの缶を２つ買いました。
それぞれの缶にはテニスボールが３個入っています。
彼は現在、テニスボールを何個持っていますか？
A．太郎さんは最初にボールを５個持っていました。３個のテニスボールが入った缶が２つで６個なので、
答えは11個です。
Q．そのカフェテリアはりんごを23個持っています。ランチを作るために20個使用し、６個買ったら、何個のりんごを持っていますか？

出力

A．そのカフェテリアは最初にりんごを23個持っていました。ランチを作るために20個使ったので、
23－20＝3。
りんごを６個買ったので、
3＋6＝9。
答えは９個です。

図表3-11　ゼロショット・プロンプティングとゼロショットCoT

ゼロショット・プロンプティング

入力

Q．手品師は16個のボールを持っています。そのうちの半分はゴルフボールです。ゴルフボールの半分はブルーです。ブルーのゴルフボールは何個ありますか？

出力

A．８個

ゼロショット CoT

入力

Q．手品師は16個のボールを持っています。そのうちの半分はゴルフボールです。ゴルフボールの半分はブルーです。ブルーのゴルフボールは何個ありますか？

A．ステップバイステップで考えてみましょう。

出力

A．ボールの総数は16個です。そのうち半分がゴルフボールであるため、ゴルフボールの数は８個です。
ゴルフボールの半分がブルーであるため、ブルーのゴルフボールは４個あります。

ングでうまく答えが導き出せないケースでは是非試してほしい。

再帰的改善プロンプティング

ほかにも、Recursively Criticizes and Improves prompting（再帰的改善プロンプティング）、略してRCIプロンプティングといって、チャットGPTに自身の回答結果を検証させ、必要に応じて修正を加えさせる手法もある。繰り返し実行することで、回答がブラッシュアップしていく効果が見込める。

たとえば、日本で2030年までにガソリン車をゼロにする方法を考えてもら

図表3-12　再帰的改善プロンプティングの例

あなたは環境問題に詳しい学者です。
日本において2030年までにガソリン車をゼロにする方法をいくつか考えて下さい。
最終的に最も有望なアイデアを一つだけ提案するために、考えたアイデアを２回ブラッシュアップし、そのたびに自己採点を行い、点数を教えて下さい（100点満点）。
最後に最も有望なアイデアを自己採点の点数と一緒に一つだけ提案して下さい。

初期アイデア1：全面的な電気自動車(EV)補助金制度

電気自動車(EV)補助金制度を大幅に拡大し、既存のガソリン車ユーザーに対して新しい電気自動車の購入を補助します。これにより、EVの購入を考慮している人々が、ガソリン車からの乗り換えをより実現しやすくすると考えられます。また、補助金制度を利用するためには、所有者は古いガソリン車を廃棄する必要があります。

自己採点：70点。費用は高くなる可能性がありますが、EVへの乗り換えを刺激するのに有効な策と言えるでしょう。

初期アイデア2：ガソリン車の新車販売禁止

2030年までにガソリン車の新車販売を禁止します。これにより、消費者は新車を購入する場合、電気自動車を選択するしかなくなります。一方、既存のガソリン車の使用は可能ですが、徐々に減少するでしょう。

自己採点：75点。直接的なアプローチですが、新車の供給を停止すれば、必然的にEVへの移行が加速します。

うケースでは、単純に「日本において２０３０年までにガソリン車をゼロにする方法をいくつか考えて下さい」として終わるのではなく、「最終的に最も有望なアイデアを一つだけ提案するために、考えたアイデアを２回ブラッシュアップし、そのたびに自己採点を行い、点数を教えて下さい（１００点満点）。最後に最も有望なアイデアを自己採点の点数と一緒に一つだけ提案して下さい」とつけ加える

ブラッシュアップ1：全面的な電気自動車(EV)補助金制度+廃車報酬制度

上記の補助金制度に加えて、ガソリン車をEVに置き換えるための廃車報酬制度を導入します。廃車報酬制度は、ガソリン車を廃棄することで一定の報酬を提供するもので、これによりガソリン車からの乗り換えをより促進することが可能になります。

自己採点：85点。既存のガソリン車ユーザーに対するインセンティブをさらに提供することで、より多くの人々がEVへの移行を検討するようになると思います。

ブラッシュアップ2：ガソリン車の新車販売禁止+EV専用インフラの充実

ガソリン車の新車販売を禁止するだけでなく、国内の充電インフラを大幅に増設することで、電気自動車の利便性と実用性を向上させます。電気自動車の導入を促進するためには、利用者に対する充電の利便性と安心感を提供することが重要です。

自己採点：90点。ガソリン車の新車販売を停止するだけでなく、電気自動車の利用を具体的にサポートすることで、より多くの人々が電気自動車への乗り換えを検討する可能性があります。

最終的な提案：ガソリン車の新車販売禁止+EV専用インフラの充実

ガソリン車の新車販売を2030年までに完全に禁止し、電気自動車(EV)への乗り換えを促進します。同時に、国内全域に充電インフラを充実させ、電気自動車の利用をより便利で実用的なものにします。こうすることで、消費者が新車を購入する際の選択肢は電気自動車のみとなり、その利便性と実用性も同時に向上するため、ガソリン車の数を大幅に減らすことが可能になるでしょう。

自己採点：90点。直接的で効果的なアプローチと考えられます。ただし、充電インフラの設置と維持管理には大規模な投資と時間が必要となるでしょう。

（図表3－12）。

するとチャットGPTは「初期アイデア」を自己採点の点数とともに2つ提案し、そのあとにブラッシュアップしたアイデアを同じように自己採点の点数とともに2つ提示する。最後に「最終的な提案」として、指示どおりに一つに絞ったアイデアを提示する。ここでは比較的シンプルな形式で説明したが、自己採点時の評価基準などを追加してもよい。

ここまでさまざまなプロンプティングを紹介してきた。最後に主なプロンプトエンジニアリングのテクニックを図表3－13にまとめた。

図表3-13　主なプロンプトエンジニアリングのテクニック

手法	概要
ゼロショット・プロンプティング	プロンプトにサンプルを与えずに（Zero-shot）、事前学習済みの内容から結論を導く手法
フューショット・プロンプティング	プロンプト内にいくつかのサンプル（Few-shot）を提供することで、回答精度を高める手法
Chain-of-Thought（CoT）プロンプティング	複雑な問題に対し、あらかじめ似たような構造の質問と回答を例示し、推論の道筋を方向づけしたうえで、例示の回答部分で問題の構造を分解して答えを示す手法
ゼロショットCoT	思考のプロセスを例示せずに、「ステップバイステップで考えてみましょう」と一文を追加することで、正しい答えを導く手法
再帰的改善（RCI）プロンプティング	ChatGPT自身に自身の回答結果を検証させ、必要に応じて修正を加えさせる手法。繰り返し実行することで、回答がブラッシュアップしていく

プロンプトエンジニアの「お仕事」

次に、プロンプトエンジニアリングを行う「プロンプトエンジニア」と呼ばれる人たちについて見ていこう。

プロンプトエンジニアのゴールはプロンプトの微調整やテストを行いながら、さまざまなプロンプトのバリエーションを試し、最もよい結果をもたらすプロンプトを見つけることである。また、ＡＩのバイアスや倫理的な問題にも注意を払う必要がある。プロンプトの設計によってＡＩの出力に偏りや不適切な情報が含まれる可能性があるため、公平性や倫理性を確保するために、適切なガイドラインやポリシーにもとづいてプロンプトを作成することが求められる。

エンジニアとはいうものの、プロンプトエンジニアはプログラムコードを書く必要はない。自然言語で指示を入力するだけである。そのため、コンピューターサイエンスやエンジニアリングのバックグラウンドがない人でもプロンプトエンジニアになることができる。

プロンプトエンジニアは生成ＡＩのブームによって現在最も注目されている仕事の一つであり、需要が急激に高まっていることから高収入も期待できる。たとえば、グーグルが出資し、オープンＡＩのライバルといわれる生成ＡＩスタートアップのAnthropic（アンソロピック）は、プロンプトエンジニアに最大37万５０００ドル、日本円にして５０００

万円を超える高額な給与で人材を募集している。

　求人広告では、要件として「大規模言語モデルのアーキテクチャと動作について高いレベルで理解していること」「優れたコミュニケーション能力を持ち、技術的な概念を教えることや他の人を助けるための高品質なドキュメント作成が好きであること」「やる気のある顧客と話し、彼らの問題を解決することにワクワクすること」「創造的なハッカースピリットを持ち、パズルを解くのが好きなこと」「基本的なプログラミングスキルを持ち、小さなパイソンプログラムを書くことにも慣れていること」「組織的なマインドセットを持ち、チームを基礎から構築することを楽しめること」などを挙げており、技術的に高度なスキル要件は設定されていない（**図表3－14**）。

　一方、コンサルティング会社のブーズ・アレン・ハミルトンがプロンプトエンジニアに対して求めるスキル要件は、アンソロピックに比べてかなり技術色が濃くなっている。「パイソンを使用したデータ分析のための機械学習モデルと他のデータサイエンス手法の実装に3年以上の経験があること」「統計モデルの設計、構築、実行と教師あり学習、教師なし学習、または強化学習アプリケーションを含む機械学習アルゴリズムの開発に2年以上の経験があること」「構造化および非構造化データの分析に2年以上の経験があるこ

図表3-14　Anthropicのプロンプトエンジニアに対する求人要件

✓大規模言語モデルのアーキテクチャと動作について高いレベルで理解していること
✓優れたコミュニケーション能力を持ち、技術的な概念を教えることや他の人を助けるための高品質なドキュメント作成が好きであること
✓やる気のある顧客と話し、彼らの問題を解決することにワクワクすること
✓創造的なハッカースピリットを持ち、パズルを解くのが好きなこと
✓基本的なプログラミングスキルを持ち、小さなPythonプログラムを書くことにも慣れていること
✓組織的なマインドセットを持ち、チームを基礎から構築することを楽しめること
✓全体論的に考え、組織のニーズを積極的に特定できること
✓あいまいな問題を明確にし、さまざまなシナリオに適用できる基本原則を把握できること
✓強力なテクノロジーを安全で社会的に有益なものにすることに情熱を持っていること
✓予想外のリスクを予測し、シナリオをモデル化し、内部ステークホルダーに具体的なガイダンスを提供できること
✓新しい技術のリスクと利益について創造的に考え、過去のチェックリストや手順書を超えて考えることができること
✓最新の研究や業界トレンドに積極的に興味を持って情報を収集し続けられること

（出所）https://www.indeed.com/q-Prompt-Engineer-jobs.html?vjk=695910cd1453a618をもとに作成

と」「ＧＰＴ－３やチャットＧＰＴなどの大規模言語モデルを使用したＡＩプロンプトの設計と開発に1年以上の経験があること」などが挙げられている（**図表３－15**）。

内容的にはデータサイエンティストに求めるスキルの延長線上にプロンプトエンジニアを位置づけているような印象である。年俸は最大で21万2000ドル、日本円にして3000万円近くであり、アンソロピックより低いとはいえ、こちらもかなりの好待遇である。日本に進出している外資系コンサルティング会社で言えば、パートナークラスの年俸である。

図表3-15　ブーズ・アレン・ハミルトンのプロンプトエンジニアに対する求人要件

- ✓ Python を使用したデータ分析のための機械学習モデルと他のデータサイエンス手法の実装に3年以上の経験があること
- ✓ 統計モデルの設計、構築、実行と教師あり学習、教師なし学習、または強化学習アプリケーションを含む機械学習アルゴリズムの開発に2年以上の経験があること
- ✓ 構造化および非構造化データの分析に2年以上の経験があること
- ✓ GPT-3や ChatGPT などの大規模言語モデルを使用した AI プロンプトの設計と開発に1年以上の経験（Lex や Rasa などの他のソリューションも含む）があること
- ✓ 特定アプリケーション向けに汎用言語モデルを改良した経験があること
- ✓ テキストマイニング、対話型 AI、大規模言語モデルの活用を含む自然言語処理技術の経験があること
- ✓ AI プロンプトのエンジニアリング、テスト、パフォーマンス評価の経験があること
- ✓「セキュリティ・クリアランス」の取得能力があること
- ✓ 学士号

（出所）https://www.indeed.com/q-Prompt-Engineer-jobs.html?vjk=4220b5bd2b48af27 をもとに作成

プロンプトは「買ってくる」時代

実行したいタスクの目的や要件を理解し、それにもとづいて適切なプロンプトを設計するのは簡単な作業ではない。現在、プロンプトエンジニアがかなりの高待遇で募集されているのも、そのエンジニアリングの難しさを物語っているといえよう。

特に画像生成ＡＩで自分のイメージどおりに画像を出力するプロンプトの設計は一筋縄ではいかない。そのため、ミッドジャーニー、ステーブル・ディフュージョン、ダリ2などの画像生成ＡＩを中心とする生成ＡＩ用のプロンプトを販売したり、購入したりできる「プロンプトマーケットプレイス」が誕生している。

プロンプトマーケットプレイスを利用することで、ユーザーは独力では設計できないようなプロンプトを簡単に購入できるようになるうえ、ほかのユーザーが作成したプロンプトを参考にして、プロンプト設計のコツを身につけたり、自分のプロンプトを改善するヒントを得ることができる。

海外では画像生成ＡＩがメジャーになった２０２２年に初めて登場し、日本国内では２０２３年に入ってからリリースが相次いでいる。主なマーケットプレイスとしては、海外では PromptBase（プロンプトベース）、PromptHero（プロンプトヒーロー）、PromptAttack（プロンプトアタック）、Prompti AI、国内では PromptSpace（プロンプトスペース）、Prompt Plus（プロンプトプラス）がある（**図表３－16**）。出品されているプロンプトは画像生成ＡＩ用のプロンプトが中心で、数は多くないがＧＰＴシリーズ（ＧＰＴ－３、チャットＧＰＴ）のプロンプトも販売されている。

海外最大手のプロンプトベース（**図表３－17**）ではビジネスに使用できるプロンプトから趣味の世界のプロンプトまでさまざまな種類のプロンプトが出品されているのに対し、日本国内で先行しているプロンプトスペースでは、「美女」「美少女」といった画像を生成するプロンプトが多数を占め、かなり雰囲気が異なる。

図表3-16　主な国内外のプロンプトマーケットプレイス

マーケットプレイス名	開始年月	運営企業	対応している生成AIサービス
PromptBase	2022年6月	PromptBase	ChatGPT、GPT-3、Stable Diffusion、Midjourney、DALL·E
PromptHero	2022年9月	PromptHero	ChatGPT、Stable Diffusion、Midjourney、Openjourney
PromptAttack	2023年3月	PromptAttack	ChatGPT、Stable Diffusion、Midjourney、DALL·E
Prompti AI	2023年	Prompti	ChatGPT、Midjourney、DALL·E、Bard
PromptSpace	2023年4月	株式会社ピカブル	Stable Diffusion、Midjourney、DALL·E
Prompt Plus	2023年6月	BizTech 株式会社	ChatGPT、Stable Diffusion、Midjourney、DALL·E

1プロンプトは500円前後

出品されているプロンプトと、それが生成された画像生成ＡＩ（ミッドジャーニー、ステーブル・ディフュージョン、ダリ2）との関係を見ていると、あることに気づく。それは、「美女」「美少女」などの画像のほとんどはステーブル・ディフュージョンで作成されているということだ。これは前述したとおり、ステーブル・ディフュージョンがオープンソースとして公開されていることと深く関係している。ミッドジャーニーとダリ2では性的な画像は出力できないようにあらかじめコントロールされているが、ステーブル・ディフュージョンはオープンソース化されているため、ユーザーが自分で環境を構築した場合、そうした制御はできない。そのため、どのよ

図表3-17　プロンプトマーケットプレイス「PromptBase」

（出所）https://promptbase.com/marketplace

うな画像でも生成できてしまうのだ。

価格はさまざまであるが、中心価格帯は海外のマーケットプレイスで3～5ドル、日本のマーケットプレイスは500円程度となっており、国内外でそれほど変わらない。中には無料のプロンプトもある。

すでに数えきれないほどのプロンプトが出品されているプロンプトベースに対し、国内のマーケットプレイスでは出品されているプロンプトの数はまだ少ない。プロンプトスペースで約500個、プロンプトプラスは約50個程度である。本稿執筆時点ではまだ立ち上がったばかりということもあり、数が少ないのは当然であろう。今後どの程度増えていくかを観測することで、日本国内の盛り上がりが一過性のブームで終わるのか、そうでないかが占えそうだ。

マーケットプレイスには課題も

高度なスキルを持つプロンプトエンジニアは、前述したような高待遇を得て企業で働くほか、プロンプトマーケットプレイスで自身の設計したプロンプトを販売することで副収入を得ることもできる。

プロンプトの出品者が受け取れる販売収益は、プロンプトベースの場合、販売対価の80%が出品者、20%が運営側（プロンプトベース）の取り分となっている。プロンプトアタックでは70%が出品者、運営側が30%となっている。国内のプロンプトスペースの場合、決済手数料が販売対価の3・6%、プラットフォーム手数料が販売対価から決済手数料を控除した額の17%、プロンプトプラスは決済手数料が販売対価の3・6%でプロンプトスペースと同額、販売手数料は販売対価から決済手数料を控除した額の20%でプロンプトスペースより若干高いが、国内外のマーケットプレイスでそれほど差はないといえるだろう。

いずれにせよ、プロンプトマーケットプレイスは立ち上がってから日が浅く、ビジネスとして確立されているとは言いがたい。運営しているのもベンチャー企業であり、信用面での不安もある。また、出品されるプロンプトに対して審査が行われることになっているが、マーケットプレイスによっては審査基準が明確でなかったり、著作権も明確に規定されていなかったりする。不適切なプロンプトやセキュリティが十分に確保されていないプロンプトが出品される可能性もある。

このため、出品する側も購入する側も利用するマーケットプレイスの利用規約をきちんと確認することを推奨したい。特に海外のマーケットプレイスを利用する場合は注意が必要だ。万が一、著作権法違反などで訴えられるようなことになれば、高額な賠償金を科される恐れもある。不明な場合は運営元に問い合わせをし、問い合わせてもはっきりしなかったり、理解できなかったりする場合は使用を控えたほうがよいだろう。

裏ワザとしてのプラグイン活用

この章で説明してきたとおり、生成ＡＩから期待する出力を得るためには、プロンプトエンジニアリングのテクニックをコツコツと学習したり、手っ取り早くマーケットプレイ

図表3-18　プラグイン「Photorealistic」で生成したプロンプトの例

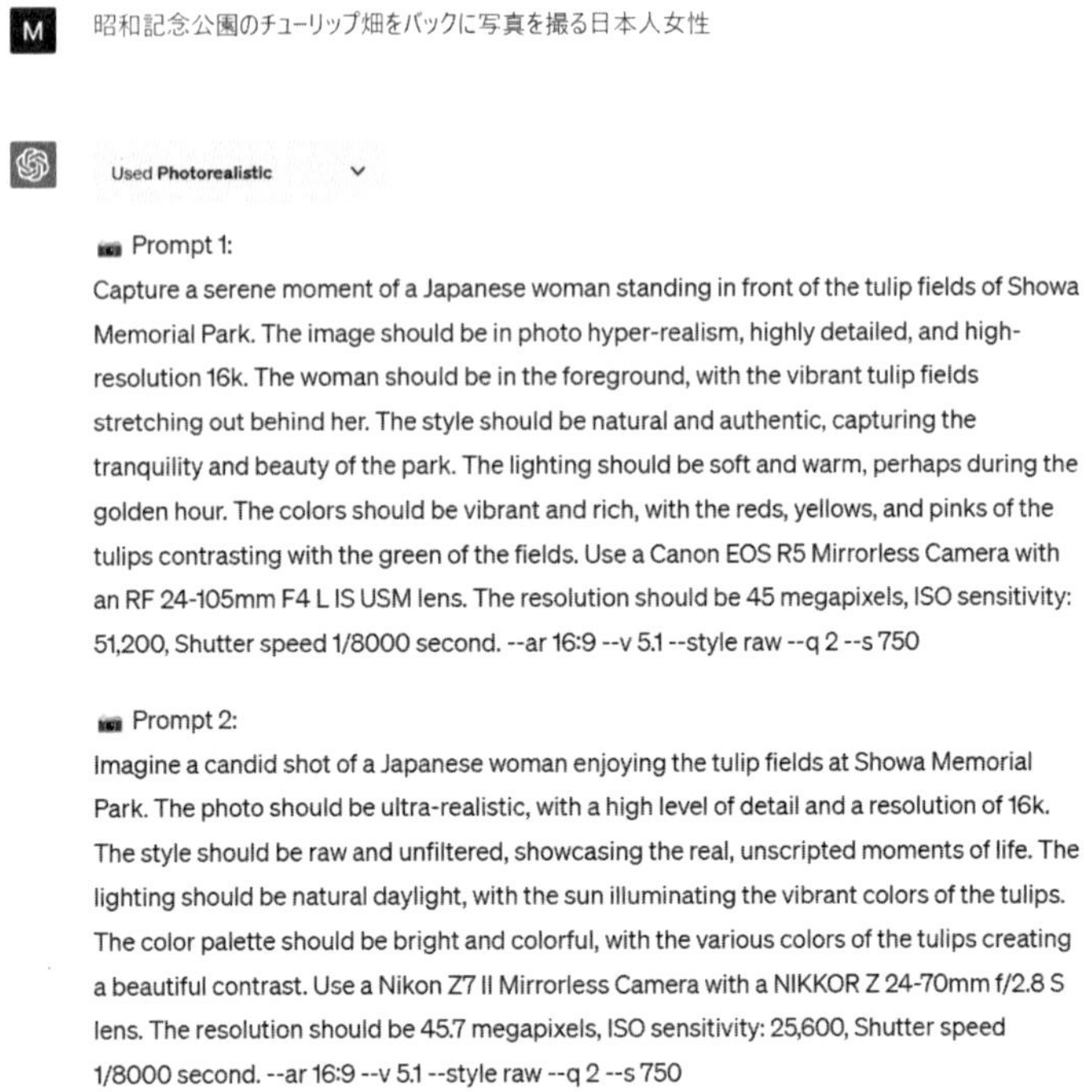
M　昭和記念公園のチューリップ畑をバックに写真を撮る日本人女性

Used Photorealistic

📷 Prompt 1:
Capture a serene moment of a Japanese woman standing in front of the tulip fields of Showa Memorial Park. The image should be in photo hyper-realism, highly detailed, and high-resolution 16k. The woman should be in the foreground, with the vibrant tulip fields stretching out behind her. The style should be natural and authentic, capturing the tranquility and beauty of the park. The lighting should be soft and warm, perhaps during the golden hour. The colors should be vibrant and rich, with the reds, yellows, and pinks of the tulips contrasting with the green of the fields. Use a Canon EOS R5 Mirrorless Camera with an RF 24-105mm F4 L IS USM lens. The resolution should be 45 megapixels, ISO sensitivity: 51,200, Shutter speed 1/8000 second. --ar 16:9 --v 5.1 --style raw --q 2 --s 750

📷 Prompt 2:
Imagine a candid shot of a Japanese woman enjoying the tulip fields at Showa Memorial Park. The photo should be ultra-realistic, with a high level of detail and a resolution of 16k. The style should be raw and unfiltered, showcasing the real, unscripted moments of life. The lighting should be natural daylight, with the sun illuminating the vibrant colors of the tulips. The color palette should be bright and colorful, with the various colors of the tulips creating a beautiful contrast. Use a Nikon Z7 II Mirrorless Camera with a NIKKOR Z 24-70mm f/2.8 S lens. The resolution should be 45.7 megapixels, ISO sensitivity: 25,600, Shutter speed 1/8000 second. --ar 16:9 --v 5.1 --style raw --q 2 --s 750

スでプロンプトを購入したりする方法がある。しかし、前者は身につけるまでに時間がかかり、後者は多くのプロンプトを購入すると費用がかさむ。特に画像生成のプロンプトの設計は簡単ではなく、だからこそ、プロンプトマーケットプレイスで販売されているプロンプトの大半が画像生成ＡＩ用なのだろう。

　そこで第３の方法として、第１章で紹介したチ

図表3-19　実際にMidjourneyで生成した画像

ャットGPTのプラグインを使用するという方法を紹介しよう。具体的には「Photorealistic（フォトリアリスティック）」というプラグインを使う。これはチャットGPTに作成してほしい画像の文章を入力するとミッドジャーニー用のプロンプトを生成してくれるプラグインである。

たとえば、「昭和記念公園のチューリップ畑をバックに写真を撮る日本人女性」と入力すると、**図表3－18**のようなミッドジャーニー用のプロンプトを2種類生成してくれる。このうちの一つを実際にミッドジャーニーに打ち込んで画像を生成したところ、**図表3－19**のような画像が生成された。

画像生成AIのプロンプト設計に慣れていない人にとっては、詳細なプロンプトの入力が必要なミッドジャーニーは本来、敷居が高い。しかし、このプラグインを使えば日本語で思いつくままに入力するだけで英語のプロンプトを自動生成してくれ、実際に出力される画像の精度も高い。慣れてくれば、生成されたプロンプトを微調整することで、より理想に近い画像を作成できるようになるだろう。

月額20ドルの費用はかかるが、これ以外にもさまざまな有用なプラグインが存在する。使えば使うほどもとが取れるため、自分にとって役立つプラグインをぜひ探してみてほしい。

第4章

巨大テック企業の生成AI戦略

検索エンジンの復権狙うマイクロソフト

オープンＡＩによるチャットＧＰＴの発表は、大手テック企業の事業戦略にも大きな影響を与えている。特に２０１９年に10億ドルを出資するなど、チャットＧＰＴの発表以前からオープンＡＩに出資してきたマイクロソフトは２０２３年１月にも数十億ドルを追加出資することを発表し、オープンＡＩとのパートナーシップをさらに強めている。

マイクロソフトの目的は大きく2つある。まずは、長らく後塵を拝してきた検索エンジン市場の奪回である。Statcounter社の調査によると、２０２３年３月時点の世界市場におけるグーグルの検索エンジンのシェアは93％と他を圧倒しており、マイクロソフトの検索エンジン「ビング」は３％にも満たない。

こうした状況の中で、マイクロソフトはオープンＡＩとのパートナーシップを生かし、大規模言語モデルを組み込んだビングの新バージョンを２０２３年２月に発表した。この新しいビング、通称「ビングＡＩ」は、オープンＡＩが開発した大規模言語モデル「ＧＰＴ－４」を搭載し、ＡＩチャット機能が追加された。ＧＰＴ－４はチャットＧＰＴの有料版であるチャットＧＰＴプラスのユーザーしか利用できない。そのため、ビングＡＩのユーザーは、本来は無料では利用できないＧＰＴ－４を無料で利用できることになる。

ビングＡＩには、２０２１年9月までの学習データにもとづく回答しか得られないというチャットＧＰＴの制約もない。検索エンジンによる検索結果も統合して回答を生成しているため、最新の情報についても回答できる。また、無料で使えるチャットＧＰＴの回答にはどこの情報を参照して回答したのか明記されていないが、ビングＡＩは参照したＷｅｂサイトのリンクが明記されているため、回答の真偽を確認したい場合はそのリンクをクリックすればよい。

生成ＡＩを組み込んだ「コパイロット」も発表

もう一つは、同社が圧倒的なシェアを誇る、ワード、エクセル、パワーポイントなどのオフィスアプリやウィンドウズＯＳ自体への大規模言語モデルの組み込みである。

マイクロソフトは２０２３年3月に開催したオンラインイベント「The Future of Work with AI」で、同社のビジネススイーツ「マイクロソフト３６５」に大規模言語モデルを組み込んだ「Microsoft 365 Copilot（マイクロソフト３６５コパイロット）」を発表した。

図表4-1　Microsoft 365 Copilotの主な機能

Microsoft 365 Copilot

Word	Excel	PowerPoint	Outlook	Teams
文章の要約、自動生成、ニュアンスや文章量のコントロールも可能	自動でエクセルデータから分析し、グラフ描画、要約まで可能	作りたいアイデアや内容を指示するだけでスライドやアニメーションを自動生成	休暇などで不在にしていた間のメールを要約し、メールの返信内容のドラフトを自動生成	議論のポイントをまとめたり、ネクストアクションを要約。次のミーティングの日程を調整

（出所）マイクロソフト資料をもとに作成

コパイロット（副操縦士）とは、「仕事の副操縦士となる」という意味を込めたネーミングである。操縦士であるユーザーを、大規模言語モデルを活用したＡＩで強力に支援することで、単調で手間のかかる作業はＡＩに任せ、ユーザーの生産性の向上に寄与することを目論む（**図表４-１**）。

たとえば、「コパイロット・イン・ワード」では、ユーザーとＡＩの共同作業で文章の作成、編集、要約、創作が可能であり、簡単な指示だけでＡＩが必要に応じて組織内の情報を盛り込みながら、ユーザーに代わって下書きを作成してくれる。

具体的には、「〈文書〉と〈表計算〉のデータをもとに、2ページのプロジェクト提案書のたたき台を作成して」「第3段落を簡潔にして。ドキュメントのトーンをもう少しカジュアルに変更して」といったように、ユーザーが自然言語で指示すればよい。

同様に「コパイロット・イン・パワーポイント」では、既存の文書を発表者用のノートや参考情報が加えられたプレゼン資料に変換したり、簡単な指示や概要からプレゼンテーションの新規作成を始めたりできる。「ワードドキュメントをもとに５枚のスライドを作成し、関連するストック画像を挿入して」「このプレゼンテーションを３枚のスライドにまとめて」といった具合である。

また、「コパイロット・イン・アウトルック」では、「先週の外出中に確認できなかったメールをまとめて。重要なものにはフラグを立てて」「相手へのお礼の返事と、２つ目と３つ目の指摘について詳細を尋ねる文章の下書きを作成して。この原稿を短く、ビジネス調の文体にして」といったような簡単な指示にもとづいてメールの下書きや返信文を書いてもらえる。

ＰＣの使い方が１８０度変わる

マイクロソフトはさらに２０２３年５月に開催した年次イベント「Microsoft Build」で

はＯＳ「ウィンドウズ11」にＡＩチャット機能を組み込んだ「ウィンドウズ・コパイロット・フォー・ウィンドウズ11」も発表している。これはユーザーのＰＣ操作をＡＩが支援するもので、画面下部のタスクバー内に設置されたボタンをクリックするとウィンドウズ・コパイロットが起動し、ＡＩとのチャットが可能になる。

たとえばユーザーが「仕事のためにどのようにシステムを調整すればいいか」と入力すると、ＡＩは「ダークモード」を提案し、クリック一つで設定が切り替わる。また、ＰＤＦファイルをサイドバーにドラッグして要約を依頼すると、瞬時に要約してくれたり、仕事に最適な音楽を質問すると、スポティファイからおすすめのプレイリストが提案され、選択した音楽を再生したりもできる。

コパイロット機能の革新性は何といっても、すべて自然言語で質問したり指示したりするだけで完結する点である。ウィンドウズの操作に慣れていないユーザーであっても、マニュアルを探して読み込んだり、コミュニティに質問したりする必要がなくなる。これまではわからないことがあった際に周囲の詳しい人に聞いていたことを、そのままウィンドウズに聞けばよい。

しかも、自分で「『設定』から『システム』の『ディスプレイ』を押して……」といった操作をする必要もなくなる。必要なのは、何をしたいかを明確にして、ウィンドウズから提案される選択肢から選択することだけである。これまでのＰＣの使い方は１８０度変わることになるだろう。

非常事態を宣言したグーグル

チャットＧＰＴやビングＡＩなどの大規模言語モデルを活用したチャットボットの登場で、大手テック企業の中で最も影響を受けるのはグーグルであろう。

２０２２年12月21日付の米『ニューヨーク・タイムズ』は、グーグルの経営陣はチャットＧＰＴやビングＡＩが同社の検索事業に深刻な脅威をもたらす恐れがあるとして、社内でコード・レッド（非常事態）を宣言したと報じた。

よく知られているように、グーグルの収益の源泉は検索エンジンの検索結果に連動して表示される検索連動型広告である。グーグルの親会社であるアルファベットの２０２２年度通期の売上高は約２８２８億ドル、そのうちの57％にあたる１６２４億ドルが検索連動型広告に関連した売上である。グーグルの検索エンジンでは検索結果をリスト表示し、その検索結果に関連する広告リンクがあわせて表示される。検索結果がユーザーの求めるものでなければ、次の検索結果をクリックし、その間、ユーザーは興味を惹いた広告をクリックするという行動を繰り返す。

一方、チャットＧＰＴやビングＡＩではユーザーの入力した問いに対する回答を直接返してくれる。回答精度が上がれば上がるほど、ユーザーはチャットＧＰＴやビングＡＩを使うようになり、グーグルの検索エンジンを使う必要性が薄れる。そうなると、広告の出稿数が減少し、グーグルは大打撃を受けることになるというわけだ。

グーグルのジレンマ

オープンＡＩのＧＰＴはもともと、グーグルが提案したトランスフォーマーをベースとして開発されている。このことを踏まえると、グーグルも同様の大規模言語モデルを保有していると考えるのが自然だ。

実際、２０２１年5月には自然な会話を実現する言語モデルとしてラムダを発表している。ラムダを使えば、チャットＧＰＴと同じように人間とスムーズに会話できるチャットボットを開発できると思われたが、グーグルはそうはしてこなかった。また、ビングＡＩと同じような検索エンジンの新たなＵＩとして展開することもしなかった。

これはいわずもがなであるが、検索連動型広告と相性が悪いからである。つまり、検索エンジンのＵＩに採用すると、現在のビジネスモデルを抜本的に見直さざるを得なくなってしまうジレンマを抱えているのである。そうこうしているうちに、オープンＡＩ×マイクロソフト連合によるチャットＧＰＴ／ビングＡＩの台頭を許し、非常事態を宣言するに至ってしまった。

なお、アルファベットのジョン・ヘネシー会長は、２０２３年2月に開催されたカンファレンス「TechSurge 2023」で、「グーグルがチャットＧＰＴのような製品を出すのをためらっているのは、正しくない回答を返すなど、まだ製品化できる状態にないからで、広く一般に本当に役立つツールになるには、あと1～2年かかると考えている」と述べている。

しかし株主からの圧力もあり、さすがに傍観できなくなったグーグルは２０２３年2月にラムダを活用した会話型ＡＩサービスであるＢａｒｄを発表し、まずは「信頼できるテストユーザー」にのみ公開した。そして、２０２３年3月には英国と米国でＢａｒｄを一般公開した。

グーグル製チャットＡＩ「Ｂａｒｄ」は誤回答で一騒動

この初期版ともいえるＢａｒｄはラムダの軽量版を搭載した会話型ＡＩで、チャットＧＰＴのように質問された内容に関して、自然な言葉で応答するものだ。ただし、軽量版ということもあり、翻訳やコーディングができない、物理法則を理解できないなど、チャットＧＰＴやビングＡＩに見劣りするという声が多く聞かれた。

実は同社はＢａｒｄの公開前、Ｂａｒｄを紹介するためにツイッターに投稿したプロモーションビデオに不正確な知識にもとづく回答が含まれていたことが発覚し、ちょっとした騒ぎを招いている。

「9歳の子どもに教えられるジェームズ・ウェッブ宇宙望遠鏡による新たな発見は何か」という質問に対し、Ｂａｒｄは複数の回答を生成した。回答には「太陽系外の惑星の写真を最初に撮影した」という答えも含まれていたが、実際には、系外惑星を世界で初めて撮影したのはヨーロッパ南天天文台がチリに建造したＶＬＴ（Very Large Telescope：超大型望遠鏡）であり、Ｂａｒｄの回答は誤りであることがハーバード・スミソニアン天体物理学センターのグラント・トレンブレー氏の指摘によって明らかになったのである。これによってアルファベットの株価は一時９％も下がり、時価総額約１０００億ドルが一瞬にして吹っ飛ぶ事態を招いた。

新生「Ｂａｒｄ」で巻き返しを図る

このような経緯もあり、グーグルのサンダー・ピチャイＣＥＯはより高度な言語モデルであるＰａＬＭの追加などによって、Ｂａｒｄの機能拡張を図っていく方針を明らかにした。そして、２０２３年5月に開催された開発者向けイベント「Google I/O」では、新たな大規模言語モデルとしてＰａＬＭ２を発表し、Ｂａｒｄをラムダベースからｐａ ＬＭ２ベースへと切り替えると同時に、日本語と韓国語に正式対応し、さらにこれらを含む40言語に対応予定であることも発表された。ＰａＬＭ２ではラムダで指摘された弱点を中心に以下のように強化が図られている。

（1）多言語性

１００以上の言語のテキストを学習し、慣用句、詩、なぞなぞなどのニュアンスの異なるテキストをさまざまな言語で理解し、生成したり翻訳したりする能力が大幅に向上したとしている。たとえば、ドイツ語固有のフレーズなども直訳ではなく、正しく理解することができる。

（2）推論

数式を含む科学論文やＷｅｂページを理解し、それらから情報を抽出できるようになっている。また、論理的な推論を行ったり、問題を解決したりすることもできるようになり、詩、コード、楽曲、メール、手紙など、さまざまな創造的なコンテンツを作成したり、オープンエンドな質問や奇妙な質問にも回答できるようになった。

（3）コーディング

大量のＷｅｂページ、ソースコード、その他のデータセットで事前トレーニングされているため、パイソンやＪａｖａスクリプトなどの一般的なプログラミング言語のほか20以上のプログラミング言語に対応し、Prolog、Fortran、Verilogなどの言語での特殊なコーディングにも対応している。

また、ＰａＬＭ２では、モバイル対応の可否や実行可能なタスクの複雑さなどによって、「Gecko」「Otter」「Bison」「Unicorn」という４つの異なるサイズのバージョンを用意しており、用途に応じて使い分けられるようになっている。このうち、最も軽量なGeckoは、スマホなどの端末上でオフラインでも動作可能なほどサイズが小さく、それでいて１秒あたり20トークンを処理することが可能である。

このほかにも、マイクロソフト３６５コパイロットを意識し、グーグル・ドキュメントやグーグル・スライド、グーグル・スプレッドシートなどのグーグル・ワークスペースアプリやＧメールの機能強化にもＰａＬＭ２が利用される。たとえば、ＧメールではＡＩを用いた返信機能「Help me write」が導入され、Ｇメール上でＡＩとチャットしながらメールで使う文言をＡＩに作成してもらうことが可能になる。さらにＢａｒｄで生成した文書の下書きなどのコンテンツを、書式も含めてワンクリックでグーグル・ドキュメントなどにエクスポートできるようにもなっている。

また、マイクロソフト同様、検索サービスにも生成ＡＩを組み込んでいくことを明らかにし、生成ＡＩを使用して検索体験を変革する「Search Generative Experience」と呼ばれる新機能をグーグル検索に導入していく予定である。本稿執筆時点ではテスト中となっており、今後数カ月以内に一般公開される見込みである。なお、検索連動型広告は引き続きページ全体の専用広告枠に表示されるとしており、グーグルとしては当然であるが広告収入を維持したい構えである。

つまり、チャットＧＰＴに相当するＢａｒｄと生成ＡＩを組み込んだグーグル検索が別個のものとして存在し、後者では引き続き広告が表示されることになる。将来的にＢａｒｄにアクセスするユーザーが増え、相対的にグーグル検索にアクセスするユーザーが減れば、広告収入に影響を与えることは間違いないが、その場合はＢａｒｄをグーグル検索に統合するなどの措置が取られる可能性は多分にあるだろう。

グーグルは生成ＡＩの領域では慎重になるあまり出遅れた印象もあったが、Google I/Oでの発表は改めて同社のＡＩに対する本気度がうかがえる内容となった。

チャット連動型広告の誕生

前述したように、チャットＧＰＴではユーザーの入力した問いに対する回答を文章として直接返すため、回答精度が上がれば上がるほど、検索エンジンを使う必要性が薄れてくる。ユーザーが検索エンジンを使って、求める情報を探すためにページを延々とスクロールしたり、次のページをクリックしたりする回数は次第に減少に向かっていくだろう。当面は検索エンジンの広告は維持されるだろうが、クリック数が減少し、広告収入に影響が出始めると代替策を検討する必要が出てくる。

なにしろ、チャットＧＰＴにしてもビングＡＩにしてもＢａｒｄにしても、運用コストは決して安くない。オープンＡＩは月額20ドルの有償版のサブスクモデルで収益化を図っているが、マイクロソフトやグーグルはおそらく従来同様、広告で収益化を図ろうとするだろう。そのためには、いずれビングＡＩやＢａｒｄのチャットによる回答の上に広告を表示するようになると思われる。すなわち、「チャット連動型広告」の誕生である。

日本国内からのアクセスではまだ見かけないが、実は海外ではビングＡＩ上でチャット連動型広告が表示されるケースが目撃されている（**図表４－２**）。回答内容に関係する商品の広告が表示されるようになっており、いずれ対話型ＡＩにも広告が表示されることを示しているといえよう。

ただし、オープンＡＩが無料版チャットＧＰＴでも現状どおり広告を表示しないスタン

図表4-2　BingAIに表示された広告例

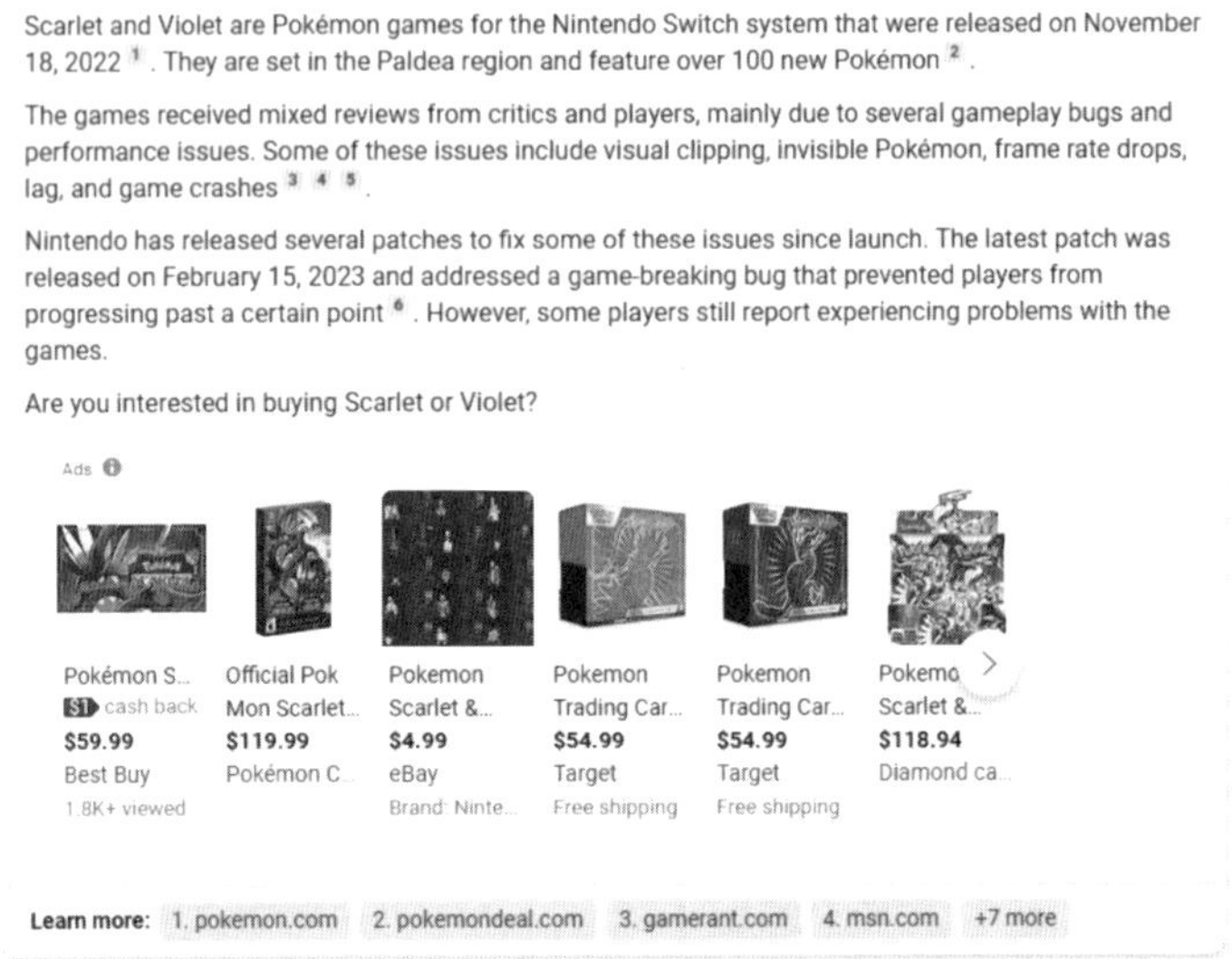

（出所）https://twitter.com/TheDkbay/status/1641450439332995072/photo/1

スを続けた場合はどうだろう。「広告が表示されるのであればビングＡＩもＢａｒｄも使用しない」というユーザーが増えることも当然想定できる。

生成ＡＩ時代に、グーグルのほぼ独占状態にあった検索エンジン市場がどのように変わるのか、興味は尽きない。

アマゾンもクラウド生成ＡＩサービスを提供

ここまで見てくると、オープンＡＩ×マイクロソフト連合vs.グーグルという構図が見えてくるが、アマゾンも負けてはいない。２０２３年4月13日にＡＷＳ（Amazon Web Services）独自の大規模言語モデル「Amazon Titan（アマゾン・タイタン）」と、ＡＰＩ経由で他社の大規模言語モデルを利用可能にするサービス「Amazon Bedrock（アマゾン・ベッドロック）」を発表している。

アマゾン・ベッドロックは、アマゾン・タイタンに加えて、文章生成ＡＩを開発しているイスラエルのAI21 Labsが提供する「Jurassic-2」、対話型ＡＩを開発している米アンソロピックの「Claude（クロード）」、英スタビリティＡＩの画像生成ＡＩ「ステーブル・ディフュージョン」の４つから選択できるようになっている。

小売りや金融などの企業ユーザーは、自社で保有するデータを学習させることで、これらの大規模言語モデルをカスタマイズし、自社サービスに特化した生成ＡＩベースのアプリを構築できるようになる。

マイクロソフトやグーグルが自社製品に大規模言語モデルを組み込んで提供する戦略であるのに対し、アマゾンは主に企業ユーザーをターゲットにクラウドサービスとして提供する点で方向性が異なっている。従来からＡＷＳを使用している企業ユーザーであればAmazon SageMaker（アマゾン・セージメイカー）などのツールを利用し、オリジナルの生成ＡＩアプリを開発できるため、ＡＷＳの利用が検討しやすいだろう。ただし、本稿執筆時点ではかぎられたユーザーのみが利用できるプレビュー段階にあり、一般公開はされていない。具体的な活用を検討するのは、一般公開後にアマゾン・タイタンがＧＰＴシリーズと同等以上のパフォーマンスがあると確認できてからでも遅くはなさそうだ。

チャットGPTより出足が早かったメタだが……

大手テック企業のもう一つの主役であるメタはどうだろうか。一般にはあまり知られていないかもしれないが、実はメタはチャットＧＰＴの一般公開のわずか２週間ほど前の２０２２年11月15日に、チャットＧＰＴと非常によく似た対話型ＡＩ「Galactica（ギャラクティカ）」のデモをＷｅｂサイトで公開している。しかし、ユーザーが入力した質問に対するギャラクティカの回答には、間違った内容や人種差別的な表現が含まれているとしてＳＮＳで炎上し、わずか3日で公開中止に追い込まれている。

実は同社は２０２２年8月にも、独自チャットボット「BlenderBot 3」を一般向けに公開したものの、公開直後から差別的な発言をしてしまうという騒ぎを起こしており、これが2度目の炎上騒ぎである。

これらは第1章で説明したハルシネーション、つまり堂々と間違った回答を返すという現象にほかならない。メタも「間違った回答やバイアスを含んだ出力を生成する可能性がある」ときちんと注意書きとして記載していた。しかし程度の問題がある。ギャラクティカの場合は少々度が過ぎた。たとえば、言語的偏見についてギャラクティカに記事を書かせたところ、黒人や移民に対して差別的な内容が含まれていたことなどが報告されている。チャットGPTでは先に説明したとおり、人間の価値観に照らし合わせて微調整を行っているが、ギャラクティカはこうした人間によるフィードバックのプロセスを経ずに公開してしまったと推測される。

その後、メタはギャラクティカの一般公開は中止したものの、「言語モデルの長所と短所をオープンかつ透明な方法で理解することが重要であり、システムに対するフィードバックを得ることが、短所を克服する最善の方法だと信じている」として、研究者向けとしては公開を継続している。

生成AI版アンドロイドを目指すメタ

メタはこうした炎上騒ぎを経験しても研究開発の手は緩めず、２０２３年2月には研究者向けに独自の大規模言語モデル「ＬＬａＭＡ（ラマ：Large Language Model Meta AI」をリリースしている。ラマのコードはオープンソースとして公開されており、ギットハブからダウンロードして使うことができる。

ラマもＧＰＴシリーズなどと同様にトランスフォーマーをベースに開発されており、パラメータ数が異なる4種類の言語モデルがリリースされている。パラメータ数は最小で70億、最大でも６５０億となっており、１７５０億のＧＰＴ－３や５４００億のＰａＬＭよりはるかに少ない。ただ、自然な質問、常識的な推論、数学的な推論などの言語タスクを対象にしたベンチマークテストでは、ＧＰＴ－３やＰａＬＭを上回るスコアを獲得したという。パラメータ数が少ないため、計算の負荷が低く、モデルのトレーニングに必要な時間もＧＰＴ－３やＰａＬＭに比べて少なく済むというメリットがある。

ラマの基本思想は、大規模なコンピューターリソースを使うことができない研究者でも簡単に微調整して試行錯誤できる軽量モデルを提供することであり、コンシューマーモデルの単体ＧＰＵでも動作可能だという。こうしたメタの姿勢は評価されるべきであろう。もちろん、ギャラクティカ同様にバイアスを含んだり、間違った答えを返したりする可能性はあるが、一般公開せずに研究者だけがアクセスできるようにすることで、研究者コミュニティからの好意的なフィードバックを得たい考えだ。

オープンＡＩやグーグルがチャットＧＰＴやＢａｒｄのトレーニングデータやパラメータを徹底的に非公開にしているのに対し、なぜメタはラマをオープンソースにしているのだろうか。これは筆者の推測であるが、メタの狙いはラマを「大規模言語モデル版アンドロイド」にすることではないだろうか。

スマホやタブレット向けのプラットフォームとして世界シェア1位を誇るアンドロイドは、グーグルが２００７年にオープンソースとして発表したものだ。オープンソースにすることで、多くのモバイルデバイスメーカーや開発者がアンドロイドを使って開発できるようになった。その結果、デバイス数が増加し、ユーザーが拡大した。開発者コミュニティも形成され、多様なアプリが生まれ、エコシステムの活性化につながった。

今後爆発的に増えると予想される、大規模言語モデルをベースとしたサービスのプラットフォームとしてのポジションを確立するためには、ラマをオープンソースとして公開することで開発者コミュニティを味方につけ、エコシステムを広げるのが近道だ。メタはこう考えたのではないだろうか。実際、２０２３年7月には、ラマの後継モデルとして「ラマ２」を商用利用可能な形で提供することを発表した。同時にスマートフォン向けプロセッサを開発するクアルコムとの提携も発表し、普及に向けた動きを加速させている。メタの狙いがうまくいくかどうかはわからない。ただし、前述したようにグーグルもＰａＬＭ２でモバイル対応を表明しただけに、オープンソース化し、しかも商用利用可とすることで先手を打った格好だ。

ポスト・オープンAIの最右翼？

マイクロソフトがオープンＡＩへの出資を通じ、同社とのパートナーシップを強める一方で、グーグルもオープンＡＩのライバルと目される生成ＡＩスタートアップのアンソロピックに約３億ドルを出資し、株式約10％を取得したことが明らかになっている。

アンソロピックは２０２１年にオープンＡＩの元従業員６人が立ち上げた会社で、ＣＥＯ兼共同創業者のダリオ・アモディ氏はオープンＡＩで研究部門の責任者を務めていた。

それ以前にはグーグルのＡＩ開発チーム「グーグル・ブレイン」で強化学習やＡＩの安全性などの研究も行っていた。

　もう一人の共同創業者で同氏の妹のダニエラ・アモディ氏もオープンＡＩでＡＩの安全性・政策担当のヴァイス・プレジデントを務めていた。有料かつ日本語未対応のため日本ではあまり話題になっていないが、アンソロピックは「クロード」というチャットＧＰＴに似たチャットボットを開発しており、２０２３年３月に一般公開している。他の対話型ＡＩと比較して「有害、人種差別的、性差別的、または違法、暴力的、非倫理的な行動を奨励・支援する回答を生成する可能性がはるかに低い」といった評価を得ており、ＡＩの安全性を研究してきた共同創業者の色が出ている。

　さらに２０２３年5月には、一度に入力できる最大トークン数をこれまでの９０００トークンから10万トークンに拡張し、約７万５０００字の英語の文章に対応したことを発表した。前述したとおり、チャットＧＰＴで４０９６トークン、ＧＰＴ－４でも最大３万２７６８トークンの制限があることを踏まえると、そのすごさが実感できるだろう。

　アンソロピックは長文対応が可能になったことによって実現する、さまざまな実例を紹介している。たとえば、「財務報告や研究論文などの資料の理解・要約・説明」「年次報告書にもとづく企業の戦略的リスクと機会の分析」「法律の長所と短所を評価」「何百ページもの開発者向けドキュメントを読み込み、技術的な質問に適切に答える」などが挙げられている。また、「一般的に人間は10万トークン分（約７万５０００字）の文章を読むのに約5時間かかるとされており、さらにその情報を理解・記憶・分析するためにはかなりの時間を要する。しかしクロードであれば1分以内にこれらの処理を行うことができる」と同社の優位性を説明している。まさにＡＩの威力といえるだろう。

クラウドの優良顧客を「囲い込み」

マイクロソフトがオープンＡＩ、グーグルがアンソロピックにそれぞれ出資した目的は、2社が保有する生成ＡＩの技術獲得という狙いに加え、クラウドの利用促進という目的もあると思われる。

大規模言語モデルを開発・維持するためには、巨大な演算能力が必要であり、膨大なコンピューターリソースが必要とされる。それにはＡＷＳ（アマゾン）、グーグルクラウド（グーグル）、アジュール（マイクロソフト）が覇権を握るクラウドの利用が近道である。

オープンＡＩがマイクロソフトのアジュールをＡＩのトレーニングに使用しているように、アンソロピックもグーグルクラウドを優先クラウドプロバイダとして利用している。

マイクロソフトやグーグルからすれば、生成ＡＩのスタートアップはクラウド事業の〝超優良顧客〟候補の筆頭である。ただし、創業間もないスタートアップであるため、現状では資金にかぎりがある。

オープンＡＩのサム・アルトマンＣＥＯは、「ＧＰＴ－４のトレーニングに1億ドル超の費用を要した」と述べている。コストがかかるのはトレーニングだけではない。大規模言語モデルを運用していくためのコストもまた高くつく。チャットＧＰＴの推論には、クエリ一つあたり0・36セント、一日あたりでは約70万ドルのコストがかかるという試算もある。われわれが無料で使用しているチャットＧＰＴの裏側では、実はこれだけのコストがかかっているのだ。

こうしたことから、大手テック企業は多額の出資を行い、出資金からクラウドの利用料を捻出してもらっている。いわば互恵取引のような構造になっているわけだ。

結局は生成ＡＩもビッグテックが支配する？

では、パブリッククラウド市場でシェアナンバーワンのＡＷＳはどうなのだろうか。ＡＷＳは２０２３年2月に、多数の機械学習アプリの開発ツールをオープンソースとして提供しているハギング・フェイスとの提携強化を発表している。ハギング・フェイスはグーグルとアンソロピックの関係同様、ＡＷＳを優先的なパブリッククラウドとして使用する予定であり、さらにＡＷＳが運営する機械学習プラットフォーム「アマゾン・セージメイカー」との統合も開始する予定だ。

ハギング・フェイスが支援しているオープンソースの大規模言語モデル「BLOOM（ブルーム）」（後述）の次世代版は、ＡＷＳが作った独自のＡＩチップ「Trainium（トレーニウム）」上で実行され、ＡＷＳのユーザーはセージメイカーを通じてブルームにアクセスできるようになる見込みである。

大手テック企業は資本力やコンピューターリソースはもちろん、言語モデルをより洗練されたものにする専門人材と市場経験を持つ。これまではＡＩスタートアップは出資を受けるにとどまっているが、今後は買収されるケースも出てくるだろう。あるいは買収せずとも、現在、無数のＡＩスタートアップが提供しているのと同じ機能を大手テック企業が提供し、スタートアップは自然淘汰されていくことも予想される。

そうなればゆくゆく、大規模言語モデルも大手テック企業が支配することになっても驚きはない。

「世界にコンピューターは５つあれば足りる」

これはクラウドが姿を見せ始めた２００６年11月に当時のサン・マイクロシステムズのＣＴＯ（最高技術責任者）が発した言葉である。現在のクラウドの状況を見事に予見した先見の明には驚くが、同様に、「世界に大規模言語モデルは５つあれば足りる」という状況が訪れる可能性は決して低くはない。

大手支配からの脱却を図る動きも

大規模言語モデルの覇権が大手テック企業に握られた場合、ある重要なリスクが生まれる。それは、一握りの企業の商業目的に合った方向にしか言語モデルが発展しなくなるというリスクだ。

図表4-3　主なオープンソースの大規模言語モデル

モデル名	開発元	パラメータ数	商用利用の可否
HuggingChat	HuggingFace	300億	不可
StableLM	Stability AI	30億、70億、（150億、650億）	可
Dolly 2.0	Databricks	120億	可
MPT	MosaicML	70億、300億	可
BLOOM	BigScience	1760億	可
LLaMA	メタ	70億、130億、330億、650億	不可
LlaMA2	メタ	70億、130億、700億	可
Stanford Alpaca	スタンフォード大学	70億	不可
Falcon	Technology Innovation Institute	70億、400億	可
（参考）GPT-3	OpenAI	1750億	可

そうした点を懸念し、大規模言語モデルのオープンソースプロジェクトがつぎつぎと立ち上がっている（**図表４－３**）。たとえば、画像生成ＡＩの開発元であるスタビリティＡＩがリリースした「StableLM」は、すでにリリース済みのパラメータ数が30億と70億のバージョンに加え、１５０億と６５０億のバージョンも間もなく提供する予定である。

ただ、オープンソースの大規模言語モデルのパラメータ数は30億から７００億程度となっており、オープンＡＩやグーグルのモデルと比べると一ケタ少なく、どうしても見劣りしてしまう。

例外は先ほども登場したブルーム（２０２２年７月に公開）である。ブルームは世界中の１０００人のボランティア研究者による「BigScience」

プロジェクトが取り組み、ＧＰＴ－３を超える１７６０億パラメータを誇る。

このプロジェクトは「機械学習の民主化」を標榜するハギング・フェイスがフランス政府からの資金を使って取りまとめたものである。協力した研究者たちは、「オープンＡＩやグーグルが開発する先進的なモデルと同等の性能を持ち、誰でも利用できる言語モデルを開発することはＡＩ開発のカルチャーに長期的な変化をもたらし、ＡＩの民主化につながる」と期待している。

オープンソースにはリスクも

これらのオープンソースの言語モデルの利用に際しては、ライセンスに注意する必要がある。商用利用可能なライセンスとそうでないものがあり、商用利用可能であればすでに学習済みのモデルを微調整して特定タスクに特化させることができる。ゼロから学習させるよりも必要なコンピューターリソースがはるかに少なくて済むほか、オープンソースであるため、企業は自社の環境に独自のモデルを構築できるというメリットがある。

一方、オープンＡＩが人力で慎重に実施している、人間にとって望ましくない出力を制限するような調整は行われていないことが普通であり、商用利用可能でもそのままリリースするのはリスクを伴う。利用する前にこうした調整の有無は必ず確認したい。

たとえば、企業ではないものの２０２３年3月にスタンフォード大学を中心とした研究チームが、ラマベースの「Alpaca（アルパカ）」という大規模言語モデルを発表した。アルパカはＧＰＴ－３・５に匹敵する会話性能を持ちながら、はるかに軽量かつ安価な環境で実行可能だと話題になった。学習データの作成にかかった費用は５００ドル以下、ラマの微調整は80ＧＢのＡ１００クラウドプロセッサー8台で行い、わずか１００ドル程度で済んだという。しかし、安全面の懸念や過度なハルシネーションを理由に、わずか1週間でアルパカの公開を停止している。

オープンソース化は、知識さえあれば大規模言語モデルの構築が低コストで可能であることを示す一方、制御不可能な言語モデルが世にあふれることを意味する。そして、それが悪意ある人間の手に渡った場合、フィッシング詐欺など、犯罪に利用される可能性もある点には注意しなければならない。

「ＧＰＵは麻薬より入手が難しい」

これまで大手テック企業の生成ＡＩ戦略について見てきたが、競争の舞台は生成ＡＩの開発だけでなく、「ＡＩチップ」と呼ばれる半導体にも及んでいる。ＡＩチップとは、言語モデルのトレーニングや推論処理に使用される半導体チップのことをいう。

大規模言語モデルは数千億のパラメータを使用し、次世代モデルでは数兆に及ぶ。トレーニングには莫大な計算能力を必要とするため、高性能なＡＩチップの使用が欠かせない。現在、ＡＩチップの供給に関してはエヌビディアが市場シェア9割近くを占める圧倒的なリーダーとなっており、マイクロソフト含め、ＡＩチップを必要とする企業はエヌビディアに依存している状態である。

チャットＧＰＴの商用化に際しては、一個数万ドルもするエヌビディアのハイエンドＧＰＵ「Ａ１００」が3万個以上も必要だと推測されている。Ａ１００は半導体技術を用いて製造されたマイクロプロセッサで、非常に高度な並列処理能力を持つ。旺盛な需要に生産が追いつかず、Ａ１００の後継製品である「Ｈ１００」（後述）はインターネットオークションサイトのイーベイで4万ドル超で販売されるほど、価格が高騰している。

「今やＧＰＵは麻薬よりも入手が困難だ」

イーロン・マスク氏は、２０２３年5月に米『ウォール・ストリート・ジャーナル』が行ったインタビューでは半ば冗談交じりにこう話している。
そこで、大手テック企業はＡＩチップの開発でもしのぎを削っている。

（1）マイクロソフト

米国のテクノロジーに特化したニュースサイト「The Information」は、２０２３年４月18日、マイクロソフトがコードネーム「Athena（アテナ）」と呼ばれるＡＩチップの開発を進めていると報じた。報道によると、マイクロソフトは２０１９年から開発を進めており、２０２４年早々にもマイクロソフト社内、およびオープンＡＩで使用する可能性があるということだ。

マイクロソフトはビング以外に、マイクロソフト３６５やウィンドウズ11にも大規模言語モデルを組み込み始めているため、ＡＩチップをエヌビディアから購入せずに自給自足できれば、相当なコスト削減が期待できる。

（2）グーグル

もっとも、マイクロソフト以外の大手テック企業は以前からＡＩチップの独自開発を進めている。グーグルは２０１３年から機械学習に特化した自社開発のＡＩチップ「ＴＰＵ（Tensor Processing Unit）」の開発を開始し、２０１５年に社内運用を開始している。

ＴＰＵは「TensorFlow」という、グーグルが開発したオープンソースの機械学習フレームワークに最適化されており、従来のＣＰＵやＧＰＵを上回る高速処理の実現を目的として開発された。当初は機械学習の推論フェーズに特化していたが、２０１７年に導入を開始した第2世代の「ＴＰＵ　ｖ２」では、推論に加えてトレーニングでも利用できるようになった。そして、２０１８年に発表された第3世代の「ＴＰＵ　ｖ３」では、ｖ２と比べて倍の演算性能を持つようになり、トレーニングにおいても高速処理が可能となった。

さらに２０２１年に発表された第4世代の「ＴＰＵ　ｖ４」は、高速なデータ転送を実現するＨＢＭ２（High Bandwidth Memory 2）の採用やアーキテクチャの最適化などにより、トレーニング時の浮動小数点演算能力はｖ３に比べて約１・７倍、推論時の整数演算能力は約27倍と大幅に向上している。また、演算結果を演算回路内で直接渡すようにすることで、メモリへの読み書きを大幅に減らすとともに集約度を高め、電力消費を抑えることにも成功している。ＴＰＵは、２０１７年には一般提供も開始され、グーグルクラウドプラットフォーム上で利用できるようにもなっている。

（3）アマゾン

ＡＷＳは２０１８年に機械学習の推論処理に最適化した独自開発のＡＩチップ「Inferentia」を発表、２０１９年にクラウドサービス「Amazon EC2 Inf1 インスタンス」として一般提供を開始している。さらに２０２０年には第2世代のＡＩチップとして、トレーニング処理に最適化した「トレーニウム」を発表、２０２２年10月から「Amazon EC2 Trn1 インスタンス」として一般提供を開始している。

同社はエヌビディアのＧＰＵを搭載したインスタンス（仮想サーバー）を提供する一方、「より高い性能、より高いコストパフォーマンスを持つ幅広い選択肢をユーザーに提供するために独自設計のカスタムチップを開発した」と説明している。

（4）メタ

メタは生成ＡＩの開発で他社に後れをとっていると見られていた。これは生成ＡＩの性能を最大限に引き出すためのインフラ設計をめぐる方針が二転三転したためである。ロイターの報道によると、メタは２０２２年半ばまでＡＩのトレーニングにＣＰＵを、推論には「ＮＮＰＩ（Neural-Network Processor for Inference）」と呼ばれる独自開発のチップを使用してきた。しかし途中でＧＰＵのほうが効率がよいとわかったため、方針を転換してトレーニングと推論の両方にエヌビディアのＧＰＵを利用することに決めたという。

しかし、ＧＰＵの利用に切り替えるのは簡単ではなく、サーバーやデータセンターをＧＰＵに最適化したアーキテクチャに作り直す必要があった。ＧＰＵは膨大な電力を消費するため、冷却には従来の空冷方式ではなく水冷方式が必要になるほか、データセンター内のネットワークも広帯域でなければならない。このため、同社は従来型の設計で進めていたデータセンターの建設を取りやめ、ＡＩに最適化したデータセンターの建設を始めている。

これだけでは終わらない。さらに２０２５年を目標にトレーニングと推論の両方で使用可能な「ＭＴＩＡ（Meta Training and Inference Accelerator）」と呼ばれる新たな自社製ＡＩチップの開発に着手していることを２０２３年5月に発表した。

ＧＰＵに切り替えたばかりなのになぜ？という疑問が湧くが、これにはＡＩのモデルサイズが指数関数的に大きくなっており、ＧＰＵでさえも推論の効率が上がらなくなってきたことが背景にある。

最近の研究によると、大規模言語モデルの計算要件は２０１６年から２０２２年までの平均的なペースで10・７カ月ごとに2倍に増加しているという。オープンＡＩはかつてＧＰＴ－３を単一のＡＩチップ「Nvidia Tesla V100 GPU」でトレーニングする場合には約３５５年かかると推定していた。また、そもそもＧＰＵはコンピュータグラフィックスを高速に描画するために設計されたものであり、推論を念頭に設計されておらず、コスト的にも大規模に導入するのは難しいという理由もある。ＭＴＩＡはＡＳＩＣ（Application Specific Integrated Circuit）であり、異なる回路を一つの基板に組み合わせることで複数のタスクを並列に実行できるようにプログラムできる。

ＡＩスパコンでも熾烈な争い

ＡＩをめぐる大手テック企業の競争は、さらに「ＡＩスーパーコンピューター（ＡＩスパコン）」の開発へ飛び火している。

ＡＩスパコンは、トレーニングや推論などのＡＩワークロードを処理するために特別に設計されており、大規模なニューラルネットワークのトレーニングや複雑なディープラーニングモデルの学習に欠かせない、高速な演算処理能力やメモリ容量を提供する。推論処理においてもリアルタイム性や高い効率性を実現するための最適化が行われている。

マイクロソフトは２０２０年5月、オープンＡＩの協力のもと数億ドルを投資し、アジュール上に28万５０００コアという巨大なＡＩスパコンを構築したことを発表した。１万ＧＰＵ、各サーバーは４００ギガビット／秒という超高速のネットワーク接続を実現し、全世界のスパコンの演算能力ランキングである「ＴＯＰ５００」でトップ５にランクインするほどの性能という触れ込みであった。アジュール上に構築されてはいるものの、このＡＩスパコンはオープンＡＩの専用環境であり、当時からオープンＡＩは大規模言語モデルのトレーニングに使用していた。

この経験を生かし、２０２２年11月、今度はエヌビディアと提携し、「世界で最も高性能なＡＩスパコン」を構築するために複数年契約を結んだことを明らかにした。この新たなＡＩスパコンはオープンＡＩ専用ではなく、広く一般ユーザーに提供される予定であり、マイクロソフトのアジュールクラウドとエヌビディアの最新のＧＰＵである「Ｈ１００」、４００ギガビット／秒のスループット（処理能力）を実現するネットワーク機器、さらにＡＩソフトを組み合わせて構築される予定である。

NECもAIスパコンを開発

対するグーグルも２０２３年5月のGoogle I/Oで、生成ＡＩと大規模言語モデルのトレーニングと推論に特化したスーパーコンピューター「Ａ３」を発表した。Ａ３はＨ１００を8基搭載し、スループットはこれまでの3倍といわれる。最大で26エクサフロップス（毎秒１００京回の計算能力）を実現すると謳っており、トレーニングにかかる時間とコストを大幅に削減できるとしている。

メタも「ＲＳＣ（Research Super Cluster）」と呼ばれるＡＩスパコンを開発している。ＲＳＣは２０２２年1月に初めて公開され、エヌビディア、Penguin Computing、Pure Storageとの提携によって構築されており、１万６０００基のエヌビディア製ＧＰＵ「Ａ１００」が搭載されている。ただし、Ａ１００はＨ１００の一つ前の世代のＧＰＵであるため、他社に見劣りしてしまう。前述した同社の研究者向け大規模言語モデル「ラマ」ではトレーニングにＲＳＣを使用しており、２０４８台のＡ１００で21日かかったということである。トレーニングに要する時間をＡ１００とＨ１００で比べた場合、Ａ１００はＨ１００より２・２～３・３倍多くかかるという調査結果がある。このため、仮に同じ条件でＨ１００を使用した場合、トレーニングに要する時間は６・４～９・５日程度に短縮できる可能性がある。

なお、国内でもＮＥＣが２０２３年３月に「ＡＩ研究用スーパーコンピュータ」を発表している。Ａ１００をサーバーあたり８基搭載し、トータルではＧＰＵが９２８基、２００ギガビット／秒のネットワーク接続、パフォーマンスは５８０ペタフロップス（毎秒１０００兆回の計算能力。エクサフロップスの１０００分の１）と、先に説明した大手テック企業のＡＩスパコンの規模には見劣りする。

ただ、マイクロソフトやグーグルはクラウド大手であり、顧客向けにＡＩスパコンを提供する予定である一方、メタとＮＥＣはそうではない。自社の研究者向けと割り切るなら、クラウド大手と同じ規模である必要はないだろう。

「AIファースト」の垂直統合が必要に

一般ユーザーが直接目にするのは、チャットＧＰＴやＢａｒｄのようなチャットのインターフェースを備えた対話型ＡＩだけかもしれない。しかし、この章で見てきたように、大手テック企業が現在開発にしのぎを削っているのは大規模言語モデルのトレーニングや推論の処理効率を最大化するＡＩチップの開発であり、ＡＩのワークロード処理に最適化されたＡＩスパコンの開発である。さらにはこれらを収容するデータセンターの見直しも必要になってくる。データセンターの設計では、以下のような要素を考慮する必要がある。

（1）電力供給と冷却システム

大規模言語モデルは膨大な電力を消費するため、データセンターは十分な電力供給と効率的な冷却システムを備えている必要がある。高密度のサーバーラックやグラフィックスカードなどのハイパフォーマンスなハードウェアを冷却するための適切な熱管理が重要である。

（2）ネットワーク

大規模なデータセンターでは、高速かつ信頼性の高いネットワークインフラが必要である。モデルのトレーニングや推論では、データの効率的な転送や低遅延の通信が重要となるためである。

（3）ストレージ

大規模なデータセットやモデルの保存には、大容量かつ高速なストレージシステムが必要である。データの効率的なアクセスと管理を確保するために、適切なストレージソリューションが求められる。

（4）オーケストレーションと管理

データセンター内のリソースの管理やタスクのオーケストレーションは、効率的なモデルのトレーニングや推論に不可欠である。スケーラビリティや可用性の確保、リソースの効果的な割り当てなどが重要な要素となる。

メタが進めていたデータセンターの建設計画を取りやめ、新たにＡＩに最適化したデータセンターの建設を発表したのは、大手テック企業間の今後の主戦場が生成ＡＩになるからである。ＡＩにすべてを最適化しなければ、熾烈な競争を勝ち抜くことはできない。つまり、「ＡＩファースト」でハードウェアからソフトウェアまで再設計しなければならないことを意味する。

コラム　ＳＥＯからＡＥＯへ

チャットＧＰＴやＢａｒｄのような対話型ＡＩの台頭は、企業のＳＥＯ（Search Engine Optimization：検索エンジン最適化）戦略にも影響を及ぼすことは確実だ。ＳＥＯはグーグルなどの検索エンジンの検索結果で、自社のＷｅｂサイトを上位に表示させるためにＷｅｂサイトを改善することを指す。

従来のＳＥＯでは、特定のキーワードを含んだコンテンツを作成することが重要とされてきたが、チャットＧＰＴやＢａｒｄではユーザーの質問に対して直接的な回答を返す。そのため、その回答の中で自社の名前や製品が言及されるような新たなテクニックが必要になってくる。

まず前提として、これらのＡＩシステムは事前学習されたモデルを使用しているため、従来のＳＥＯで重視されていたランキング要素（バックリンク〈他のＷｅｂサイトからのリンク数〉やドメインの信頼性など）の重要性は低下する。代わりに、ユーザーが評価するコンテンツの質や価値が重視されるようになるだろう。

具体的な対策としては、顧客からのよくある質問とそれに対する回答のペアをコンテンツに組み込んだり、「About Us」ページを見直したりすることが挙げられる。あるいはチャットＧＰＴは構造化されたデータを活用することから、サイト内の情報を構造化し、適切なマークアップを行うことでＡＩがコンテンツを理解しやすくすることも重要である。

また、チャットＧＰＴが自社のサイトにアクセスしたときに「ChatGPT-User」と表示されることが報告されているため、このボットが通過できるように設定することも必要になってくる。

これらの対策はＳＥＯに代わって、ＡＥＯ（Answer Engine Optimization：回答エンジン最適化）と呼ばれ、注目を集め始めている。

第5章

生成AIのビジネス活用戦略

最初は強く警戒したが……

チャットＧＰＴや生成ＡＩをめぐって熱狂しているのは大手テック企業だけではない。ユーザー側の一般企業にも瞬く間に広がり、ＩＴ戦略や事業戦略にも大きな影響を与えつつある。本章では、こうしたユーザー企業にとっての生成ＡＩとの付き合い方について考察する。

チャットＧＰＴが騒がれ始めた当初、ユーザー企業の多くは機密情報や個人情報がチャットＧＰＴの学習に使用されるのではないかという懸念から利用を禁止した。一般に公開されている無償のチャットＧＰＴをそのまま使うと、その入力内容はオープンＡＩ側でモデルの再学習に使われるからである。企業ユーザーがうっかり社内の機密情報でも入力すれば、その情報をＡＩがたちまち学習し、競合他社のユーザーに向けて回答しかねない。

しかし、次第にそのインパクトの大きさに気づいた企業は、注意喚起しながらも利用に舵を切りつつある。

企業の利用パターンとしては、大きく分けて社内向けと社外向けの２つがある。また、それぞれオープンＡＩやマイクロソフトが提供するサービスやＡＰＩをそのまま利用する

図表5-1　ユーザー企業のChatGPTの利用パターン

	そのまま利用 （API の利用含む）	カスタマイズして利用 （社内データの学習など）
社内向けサービス	業務効率化 （文章作成、翻訳、要約、アイデア出し、企画の壁打ち、リサーチ、コーディング支援など）	業務効率化 （社内問い合わせ対応、契約書データの要約、稟議書作成支援など）
社外向けサービス	製品・サービスへの組み込み （一般的な質問回答、クイズやジョークの提供、教育支援など）	製品・サービスへの組み込み （チャットボットの高度化、パーソナライズしたアドバイスの提供、自社製品のレコメンドなど）

場合と、自社が保有するデータでトレーニングするなどカスタマイズして利用する場合がある。そのため、計４つの利用パターンに分けられる（**図表５－１**）。

国内では大企業中心に、まずは社内利用を模索する動きが始まっているほか、一部の地方自治体でも活用が始まっている。社外向けについては海外企業が先行しており、すでに顧客向けサービスなどにチャットＧＰＴやＢａｒｄなどを組み込んで運用するケースも出てきている。

三井住友、みずほ、パナソニックが利用開始

中小企業の場合はチャットＧＰＴをそのまま利用するケースもあるが、国内の大手企業の社内利用の多くはマイクロソフトの「アジュール・オープンＡＩサービス」というクラウドサービスを活用して実現されている。ア

ジュール・オープンＡＩサービスは、チャットＧＰＴ（ＧＰＴ－４を含む）や画像生成ＡＩのダリ、自然言語の記述からプログラムコードを生成可能なCodexなど、オープンＡＩが開発した事前学習済みのＡＩモデルをＷｅｂＡＰＩやアジュール・オープンＡＩスタジオというＷｅｂユーザーインターフェース経由で利用できるサービスで、Azure Cognitive Servicesの一つに分類されている。

　アジュール・オープンＡＩサービスは99・９％以上の稼働率を保証するＳＬＡ（サービス品質保証）を規定しているほか、アジュールのプライベートネットワークによる保護やAzure Active Directoryと連携した認証が可能など、企業ユーザーを強く意識したサービスとなっている。

　また、ユーザーが入力したデータはその企業のモデルの微調整のみに使用され、ユーザーの許可なしにオープンＡＩ側のモデルの学習には利用されないようになっている。この点が企業ユーザーに支持されている大きな要因である。この際、データをアジュールストレージに置く必要があるものの、データは暗号化されており、使用後はユーザーの判断で削除もできる。

　すでに三井住友フィナンシャルグループやみずほフィナンシャルグループ、パナソニックホールディングスといった大企業がアジュール・オープンＡＩサービスの利用を開始している。自社の情報について回答できるように自社の独自データで微調整を行うなど、ＡＩモデルの精度向上を進めている。

〝プライベート生成ＡＩ〟誕生も間近

ただし、一般ユーザー向けのチャットＧＰＴと異なり、アジュール・オープンＡＩサービスではＧＰＴ－３・５ベースのチャットＧＰＴを利用する場合でも無料で使えるわけではない。入力（出力）するトークン数（≒文字数）と利用するモデル（ＧＰＴ－３・５、ＧＰＴ－４など）によって料金が決まる。

たとえば、ユーザー数５０００人、一日のチャット回数が20回で、一回あたりの入力文字数が１０００文字とした場合の一カ月の利用料金は、ＧＰＴ－３・５の場合で63万５８００円、ＧＰＴ－４の場合は約２６７１万円となる（**図表５－２**）。ＧＰＴ－４では単価自体が高いことに加えて、入力と出力の両方のトークン数に応じて課金されるため高額になる。便利だからといってＧＰＴ－４を使うと請求金額を見て驚くことになるため注意が

図表5-2　Azure OpenAI Serviceのコストシミュレーション

ユーザー数		5,000人
1日のチャット回数		20回
1チャットあたりのトータルトークン数（日本語1文字1.1トークンと換算）		1,100トークン（1,000文字）
1カ月の稼働日		20日
1,000トークンあたりのGPT-3.5の料金		0.289円
1,000トークンあたりのGPT-4の料金	入力（プロンプト）	8.673円
	出力（完了）	17.346円

GPT-3.5を利用した場合の1カ月の料金

5,000×20×1,100×20×0.289÷1,000
＝**635,800円**

GPT-4を利用した場合の1カ月の料金

5,000×20×1,100×20×（8.673×0.6＋17.346×0.4）÷1,000
＝**26,712,840円**
（入力：出力＝6：4と仮定）

（出所）マイクロソフト資料をもとに作成（料金は2023年7月5日時点）

必要だ。

　マイクロソフトは企業ユーザー向けに、さらなるセキュリティの向上を実現するサービスの提供も予定している。それは企業ごとに専用のサーバーで稼働し、データが他社のユーザーとは分離して保存されるもので、いわば、〝プライベート生成ＡＩ〟である。

　思い返せばパブリッククラウドの登場時にも、同様のニーズから「プライベートクラウド」や「仮想プライベートクラウド」といったサービスが誕生した。それと同じようなコンセプトだと考えればよいだろう。ただし、詳細は決まっていないものの、このサービスの利用料金は高額になる見通しで、オープンＡＩのチャットＧＰＴプラス（有料版）の使用料の10倍程度になる可能性もある。

アジュール・オープンＡＩサービスは企業ごとに専用のサーバー環境が用意されるわけではない。そのため、〝プライベート生成ＡＩ〟の提供が開始されれば、よりセキュリティに敏感な金融機関などにとっては選択肢の一つに入ってくるだろう。

ユーザーの不安払拭に動くオープンＡＩ

チャットＧＰＴに入力したデータがオープンＡＩの言語モデルのトレーニングに利用されるという点は、プライバシーに敏感なユーザーには広く知られている。ただし、オープンＡＩもこうした懸念を十二分に理解しており、つぎつぎと対策を講じている。

２０２３年４月25日には会話履歴の保存と言語モデルのトレーニングへの利用をオプトアウト（拒否）できる機能を導入している。これはチャットＧＰＴの「Settings（設定）」の「Data controls（データコントロール）」から「Chat History & Training（チャット履歴

図表5-3　チャット履歴の保存と入力データの利用可否の設定画面

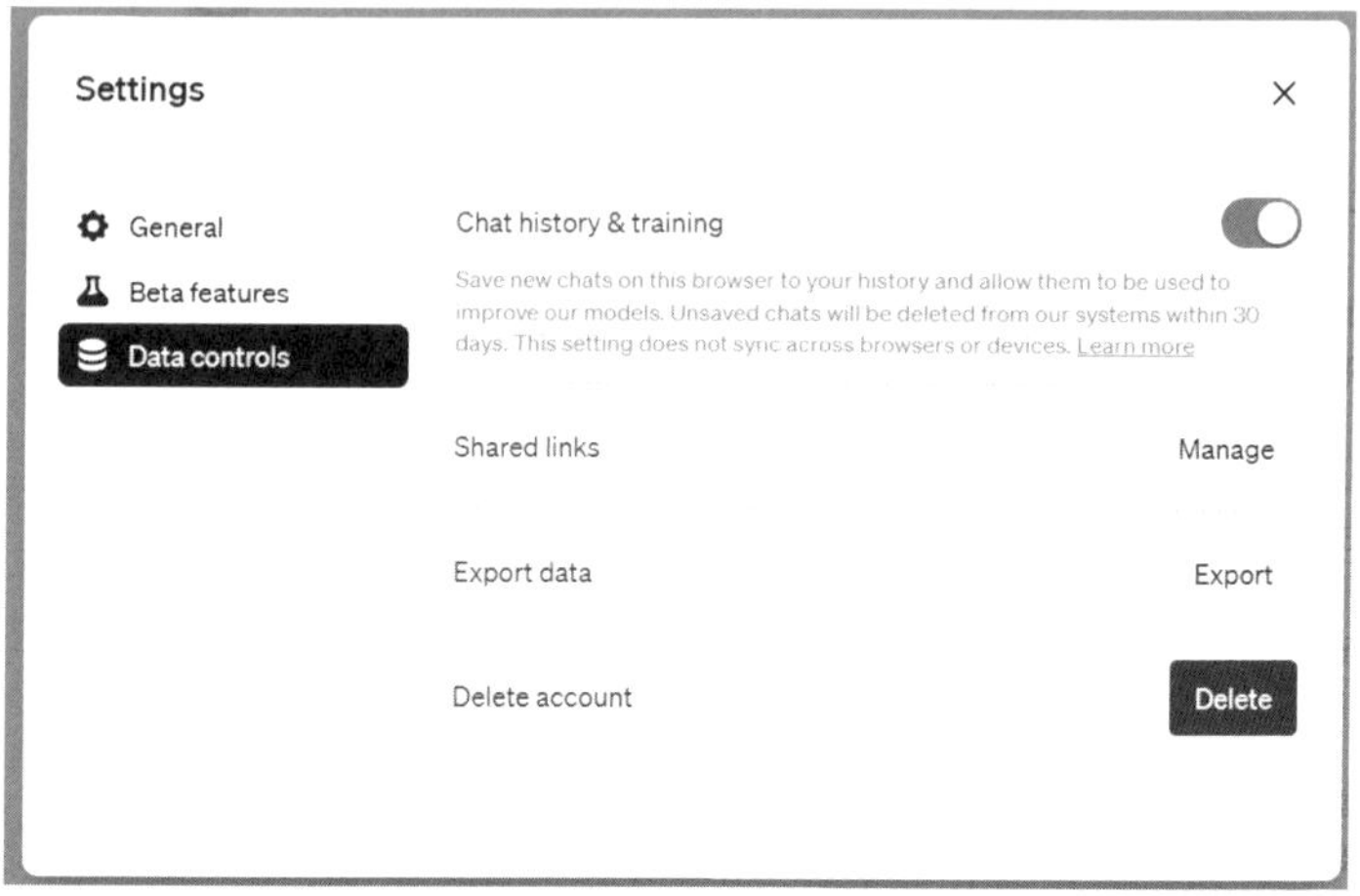

とトレーニング)」をオフにすることで有効になる(**図表5－3**)。

これによってユーザーとチャットＧＰＴとの会話内容はモデルのトレーニングや改善には使用されなくなる。ただし、同時に履歴も保存されなくなるため、これまで画面左側のサイドバーに表示されていた会話履歴は表示されなくなる。

中小企業などでアジュール・オープンＡＩサービスを利用せずに、チャットＧＰＴをそのまま使用する場合は、社内向けの利用ガイドラインを作成して、これらの点を明記しておくとよいだろう。

なお、厳密にはオフにしたからといって、すぐさま会話履歴が保存されなくなるわけではない。不正行為を監視するために30日間はオープンＡＩのシステム内に保持され、そのあとに完全に削除されるようになっている。

また、今後リリース予定の企業向けプラン「チャットＧＰＴビジネス」では、ユーザーのデータはデフォルトでモデルのトレーニングに利用されないようになっている。つまり、ユーザーが自分でオフにする必要はなくなり、ユーザーのうっかりミスを防止できる。さらに、より細かくデータをコントロールできるようになるため、履歴は保存しつつ、モデルのトレーニングへの利用だけを無効化することもできるようになる見込みだ。

オープンＡＩはユーザーからのフィードバックを非常に重視しており、フィードバックをもとにサービスを常に改善していくというスタンスをとっている。そのため、今後も企業ユーザーの懸念事項を払拭するようにさまざまなアップデートを行っていくことが予想される。

ＡＰＩの公開で自社サービスとの統合も可能に

社外向けサービスの提供という観点では、２０２３年３月１日にチャットＧＰＴのＡＰ

Ｉが公開されたことが大きい。このＡＰＩは外部の開発者がチャットＧＰＴの言語モデルを利用するためのインターフェースであり、開発者は自分のアプリやサービスにチャットＧＰＴの機能を統合できるようになる。

　このＡＰＩを使うと、チャットＧＰＴでできることは、ほぼすべてできるといってよい。そのため、開発者は顧客サポート用のチャットボット、コンテンツ生成ツール、対話型エンターテイメントシステムなど、さまざまなシステムに、チャットＧＰＴが持つ翻訳や要約、ユーザーとの会話などの機能を組み込むことができる。また、チャットＧＰＴビジネスと同様に、ＡＰＩを介して送信されたデータはユーザーがオプトイン（許諾）しないかぎり、モデルのトレーニングやサービスの改善には使用されない。この点も企業ユーザーにとってはありがたいだろう。

　ＧＰＴ－３・５、ＧＰＴ－４の２種類の言語モデルを利用できるようになっており、利用料金はＧＰＴ－４のほうが高い。また、チャットＧＰＴからの出力文だけでなく、ユーザーの入力文も課金対象となったり、文脈に沿った回答をするように過去のやりとりも含めた応答をさせたりすると、過去分についても課金対象となるなど、注意すべき点も多い。そのため、実際に利用する際には請求額が想定を超えないよう、オープンＡＩの公式サイトを参照してほしい。

なお、日本ではチャットGPTに過度に関心が集中しているように感じられるが、海外ではそれ以外にもさまざまな対話型AIや大規模言語モデルが登場している。そのため、チャットGPT以外のサービスを自社のサービスに取り入れるケースも増えている。ここからはチャットGPT、あるいは他のサービスも含めたユーザー企業の生成AIの活用例を紹介する。

夕食メニューの提案から購入までをサポート

Instacart（インスタカート）は米国とカナダを中心にオンデマンドの食料品配達サービスを提供している。多くのスーパーマーケットと提携しており、顧客はインスタカートのWebサイトやモバイルアプリを通じて食品や日用品を注文し、指定の場所に配達してもらうことができる。同社は2023年6月から自社独自のAIとチャットGPTを組み合わせた新しい検索ツール「Ask Instacart」を展開している。

この検索ツールを使えば、「ランチには何がおすすめですか?」「子ども向けのヘルシー

図表5-4　ChatGPTを組み込んだ「Ask Instacart」のイメージ

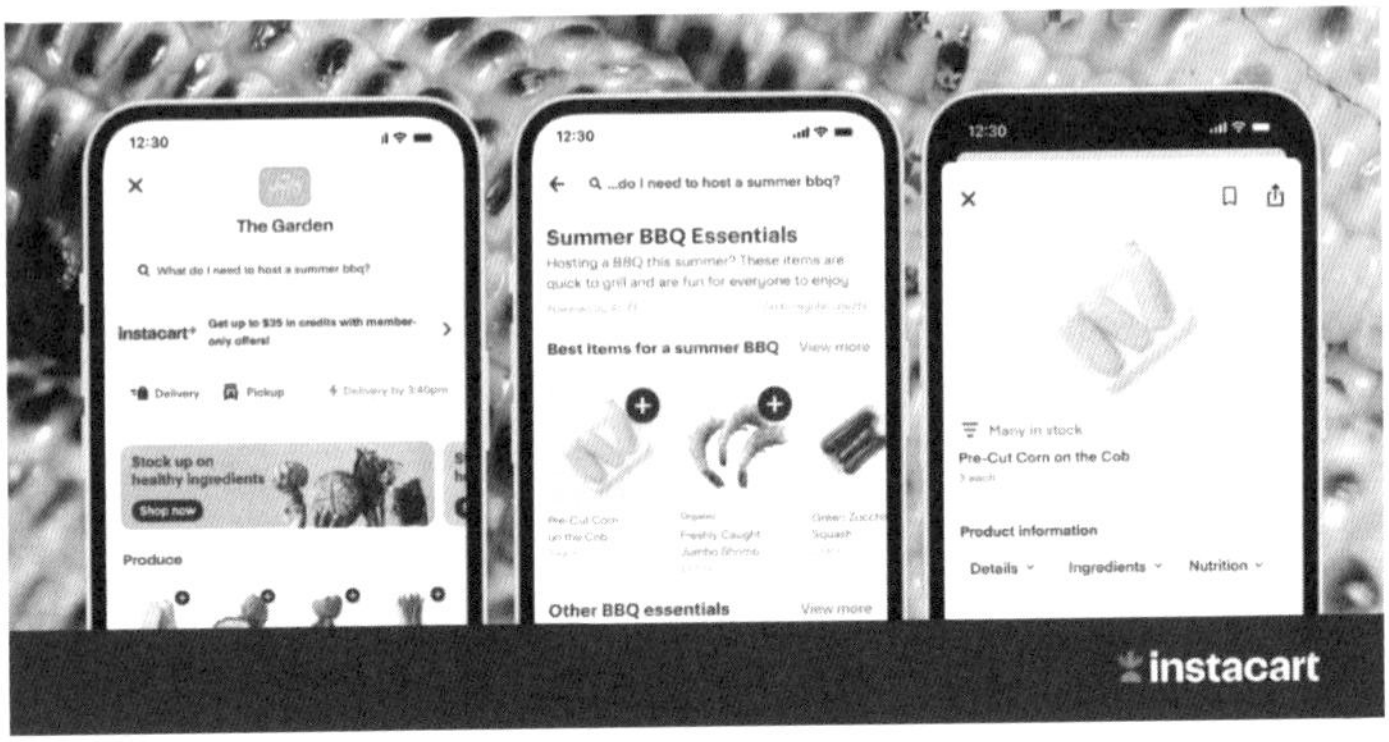

（出所）https://www-live.instacart.biz/updates/bringing-inspirational-ai-powered-search-to-the-instacart-app-with-ask-instacart/

なランチは何がありますか？」「ラムチョップにはどんな副菜が合いますか？」「鶏肉のグリルにはどのようなソースがおすすめですか？」「バーベキューパーティーを行うには何が必要ですか？」といった料理や食材に関する質問を自然言語で行うことができる（**図表5－4**）。

たとえば、最後の質問に対しては「バーベキューパーティーにおすすめの食材は、すぐに焼けるようカット済みのコーンと○○です」というように写真を添えて提案してくれる。このツールでは、7万5000を超えるスーパーマーケットの位置データと商品データを持っているため、顧客が提案内容を気に入れば、そのまま注文し、近くのスーパーマーケットから指定した場所・時間に届けてくれる。

従来はバーベキューに必要な食材を調べるためにグーグルで検索し、それからインスタカートで注文することが一般的だった。しかし、チャットＧＰＴを組み込んだことによってグーグルで検索するという最初のステップを省略し、インスタカートのアプリ内で検索から注文まで完結できるようになった。最初のステップがグーグル検索の場合、その後の買い物はインスタカートではない別のサービスになる可能性があるが、最初からインスタカートのアプリであれば流出してしまう確率は低くなる。顧客の囲い込みにもつながるはずだ。一方でグーグルにとっては痛手となるだろう。

さらに、質問を通じて顧客のニーズとスポンサー企業の商品キャンペーンをマッチングさせる機能も持つ。顧客が入力した質問からニーズを把握し、ニーズにマッチしそうなスポンサー企業の新商品を提案するもので、これによって顧客に対するサービス提供だけでなく、提携企業からの新たな収益をも見込む。

商品説明文の作成に活用

Shopify（ショッピファイ）は、世界シェアナンバーワンのＥＣサイト構築プラットフォームを提供している。誰でも簡単にECサイトを開設できることから人気を集めており、すでに175カ国100万ショップ以上に導入されている。日本にも2017年から本格的に進出し、2018年からは日本語にも対応している。

一般的に、中小の事業者や個人事業主がオンラインで商品を販売しようとする場合、日本ではアマゾンや楽天といったマーケットプレイスに出店する場合が多い。しかし、ショッピファイは独自のECサイトを構築できる点が人気で、このことから「アマゾンキラー」とも呼ばれる。

これまでECサイトを開設するためには、自社でサーバーを用意し、パッケージを導入する必要があった。しかし、ショッピファイではサブスク型のサービスモデルでサイトを開設でき、しかも多言語・多通貨・海外配送も簡単にできるため、越境ECにも適している。

ただし、これまでは販売する商品の説明文は自分で作成する必要があった。商品の説明は消費者の購買意欲を促進し、意思決定プロセスにおいて重要な役割を果たすが、ショッピファイで販売されている商品全体を見ると、説明がないまま販売されている商品は何百万もあったそうだ。

図表5-5　Shopifyの「Shopify Magic」

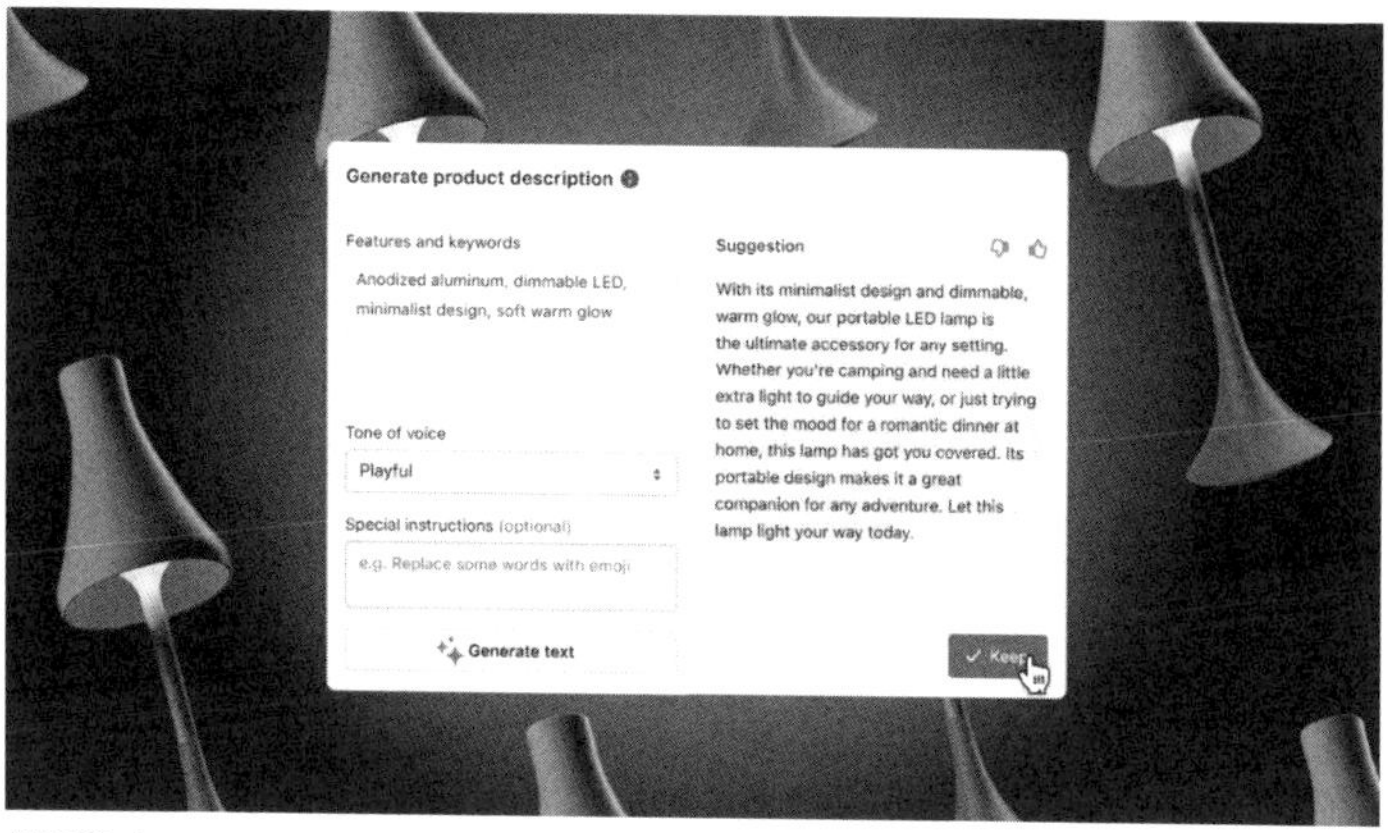

（出所）https://www.shopify.com/blog/ai-product-descriptions

こうした状況に対して、同社は２０２３年４月に「Shopify Magic」という生成ＡＩを活用したＡＩツールの提供を開始した（**図表５－５**）。このツールは事業者が商品に関する特徴などのキーワードをいくつか入力し、「洗練された」「遊び心のある」「説得力のある」といった説明トーンを選択すると、瞬時に商品説明文を作成してくれる。生成された説明文は自由に編集できるため、必要に応じて微修正するだけで簡単に商品説明文ができあがるという仕組みである。

文章を考えることが苦手でも、商品の色や機能などのキーワードを入力するだけであれば、さほど頭を悩ませることもないだろう。

ＥＣサイト構築プラットフォームを提供する

ショッピファイの主要顧客は中小の事業者や個人事業主である。生成ＡＩツールの提供によるきめ細かなサポートは、さらに顧客を増やすことにつながる。

美容に特化したチャットボットを提供

ニューヨークを本拠とし、化粧品のレビューサイトを運営しているSupergreat（スーパーグレート）は、オープンＡＩのＧＰＴ－４を活用し、ユーザーの質問にパーソナライズされた回答を返すチャットボット「GRWM.ai」を開発した。

GRWMはGet Ready With Me（私と一緒に準備をしましょう）の略であり、ＡＩ搭載美容アシスタントと呼ばれている。

同社のサービスは日本で人気の美容・コスメサイト「アットコスメ」に近いが、レビューがテキストではなく、ショートビデオ形式になっている点に大きな特徴がある。そのため、GRWM.aiでおすすめの化粧品について個別の質問をすると、おすすめの商品情報の回答を受け取ると同時に、美容インフルエンサーが投稿した関連ビデオが一緒に表示される。チャットボットとインスタグラムが一緒になったようなイメージである。

図表5-6　Supergreatのチャットボット「GRWM.ai」のイメージ

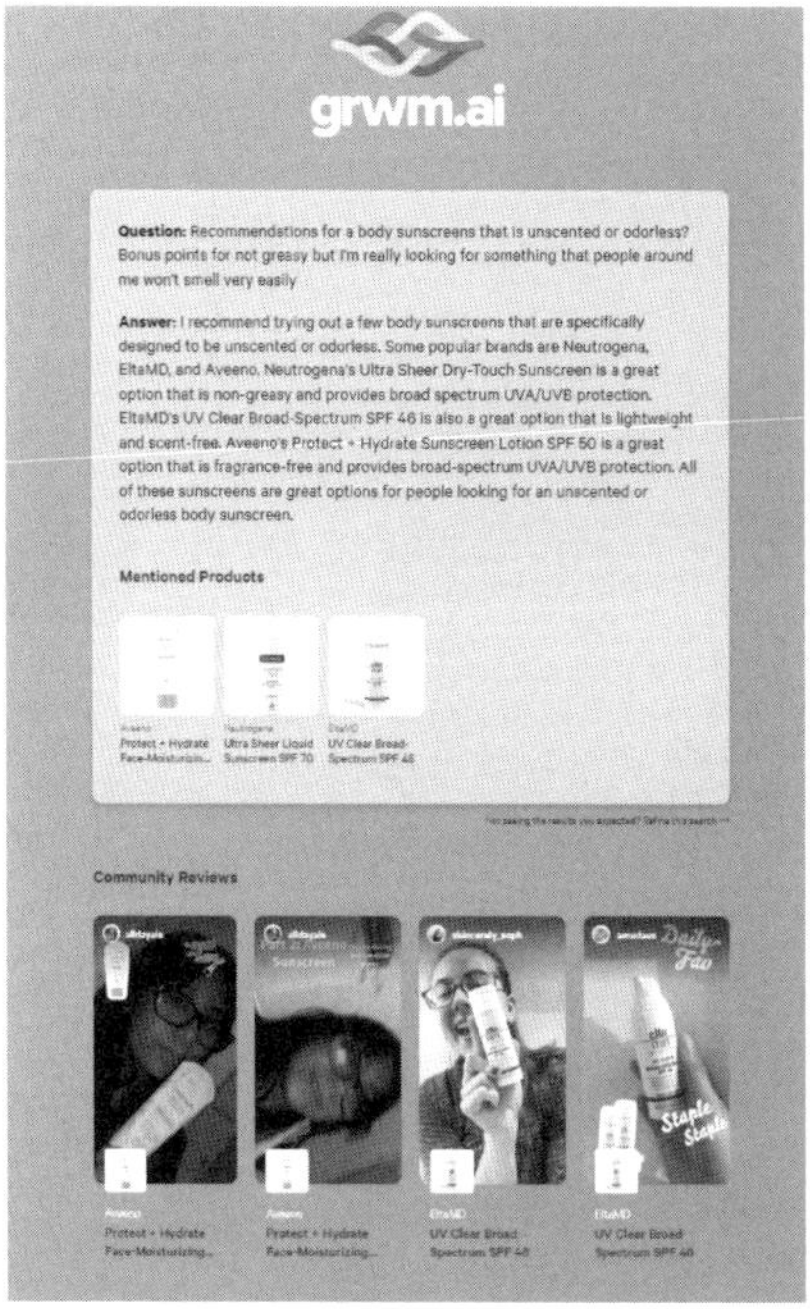

（出所）https://www.grwm.ai/

たとえば、「無香料・無臭のボディ用日焼け止めのおすすめはありますか？　ベタつかず、周りの人に匂いがつきにくいものを探しています」と質問すると、おすすめの商品とともにその商品をレビューしたビデオが提示される（**図表5－6**）。

同社はチャットボットを一般公開するにあたり、チャットGPTが間違った情報を吐き出したり、不適切な回答をしたりしないように言語モデルに微調整を加えている。また、ＧＰＴ－４単体ではなく、同社が保有する美容インフルエンサーによるコンテンツのデータセットを組み合わせて開発したという。

このデータセットには、35万以上の商品レビュービデオから抽出された４０００万語以上の単語が含まれているということだ。これによって、ユーザーからの質問に対する回答にマッチした最適なショートビデオを提示できるようになっている。

ウェンディーズはドライブスルーに採用

ファストフードチェーンのウェンディーズは、グーグルの生成ＡＩを活用したチャットボットを導入し、ドライブスルーの自動化を進めている。ドライブスルーを訪れた顧客が音声で注文した内容をチャットボットが理解できるようにすることで、注文プロセスを効率化し、ドライブスルーレーンの長蛇の列の解消を狙う。まずは２０２３年6月にオハイオ州コロンバスの店舗に導入している。

このシステムはグーグルの大規模言語モデルをベースとしてウェンディーズ用にカスタ

マイズされており、顧客がハンバーガーやフライドポテトなどを注文する際に使用する固有の用語やフレーズ、略語などを理解できるようにトレーニングされている。

たとえば、定番メニューの「フロスティ」は「ミルクシェイク」、「ジュニア・ベーコン・チーズバーガー」は「ＪＢＣ」と注文されたりすることがある。これらをＡＩが理解できるようにするためには、素の言語モデルでは難しく、カスタマイズが必要である。

ＡＩがドライブスルーで顧客の注文を受けるのは、一見すると簡単に聞こえるかもしれないが実際はそうではない。車内で音楽が流れていたり、後部座席の子どもが騒いだりしていると、途端に聞き取りが難しくなる。ノイズを取り除き、話者を特定し、さらには注文の途中で注文内容を変える顧客にも対処しなければならない。ＡＩはこうしたことをこともなくこなし、さらには「Ｍサイズではなく、Ｌサイズはいかがですか？」「ご一緒にミルクシェイクはいかがですか？」といったアップセルやクロスセルまで可能だという。

ウェンディーズのフードオーダーのうち約80%がドライブスルー経由だ。注文プロセスを効率化できれば、より多くの顧客を捌くことが可能になり、売上に及ぼす影響も大きい。ただし、同社のＣＥＯは「従業員をチャットボットに置き換えるつもりはない」と説明しており、ドライブスルーでの注文処理に関連する多くの手作業に対処することで、従業員を支援することが目的だとしている。

特定業界向けの大規模言語モデルも登場

十分な事前学習が行われた大規模言語モデルは、一般の人間をはるかに超える知識を持っている。Ｗｅｂ上のテキストデータ、書籍、ニュース記事、雑誌、ウィキペディア、フィクション、ノンフィクションなど、多岐にわたる情報源によってトレーニングされており、インターネット上の知のほぼすべてがそのモデル内に集約されているといっても過言ではない。

そのため、その知を金融や法律、医療など特定分野のナレッジ（知識）ベースとして使いたいと考えるのは自然な発想である。しかし、実際にチャットＧＰＴに質問してみると間違いも多く、現時点ではそのまま使用するのは難しい。特にその判断が大きな影響を及ぼすこれらの業界ではなおさらである。そのため、業界固有のデータを大量に保有する企業を中心に、それぞれの業界に特化した言語モデルの開発が進められている。

金融情報サービス企業のブルームバーグは、金融データに特化してトレーニングした

「ブルームバーグＧＰＴ」という金融業界向けの大規模言語モデルの開発を進めている。このモデルはニュース分類、質問応答、テキストの感情分析、テキストからの固有名詞の抽出など、既存の金融自然言語処理タスクの改善に使用される予定であるほか、同社が金融業界のプロフェッショナル向けに提供している情報配信サービス「ブルームバーグ・ターミナル」でも活用する予定である。

ブルームバーグは金融データと汎用データセットの両方を組み合わせてトレーニングする「ミックスアプローチ」を先駆的に開発し、金融ベンチマークで最高の結果を達成しつつ、汎用大規模言語モデルのベンチマークでも競争力のあるパフォーマンスを発揮するモデルを実現したとしている。このモデルを構築するために使用されたのが、同社が40年にわたり収集・保守してきた金融関連のドキュメントから作成した３６３０億トークンのデータセットである。

同社はこのデータセットに３４５０億トークンの公開データセットを追加することによって、計７０００億トークン以上の大規模なトレーニングコーパス（自然言語の辞書のようなもの）を作成した。さらに、このコーパスの一部を使用して、５００億パラメータの大規模言語モデルをトレーニングしたという。

機械学習と自然言語処理モデルの品質は、トレーニングに使用するデータの品質に多くを依存する。そのため同社が40年にわたって収集してきた金融関連のドキュメントは、金融業界向けの大規模言語モデルをトレーニングするうえで大きなアドバンテージとなるだろう。

ただし、学習に使用しているのは英語で記述されたドキュメントであるため、日本語には対応できないと思われる。ブルームバーグＧＰＴは国内の金融業界からも注目を集めており、この点は残念である。

大手金融機関はＡＩの開発レースへ

一方、米国の大手金融機関であるＪＰモルガン・チェースは、投資家が投資先の選定を行うのを支援するチャットＧＰＴライクなツールの開発を進めている。これは同行が２０２３年5月に「IndexGPT（インデックスＧＰＴ）」という商標を出願していることから明らかになった。

出願内容によると、インデックスＧＰＴはその名が示すとおり、オープンＡＩのＧＰＴ

を使用することとなっており、同行が抱える約１５００人のデータサイエンティストと機械学習エンジニアがＧＰＴのさまざまな実例をテストしているという。報道によると、同行は２０２３年2月から4月にかけて世界で３６５１人のＡＩ関連人材を募集している。この数は2番目に多いシティグループとドイツ銀行の倍近くということだ。

米国の金融機関ではゴールドマン・サックスもすでに内部で生成ＡＩツールを試験的に使用していることを明らかにしている。ただし、ＪＰモルガン・チェースが顧客向けサービスでの使用を想定しているのに対して、ゴールドマンの場合は同行のソフトウェアエンジニアがコードの自動生成やテストの自動化に使用することを想定しており、用途は異なる。ゴールドマンの場合も本番システム向けではなく、あくまでＰｏＣ（概念実証）の段階にあり、本番システムで使用するのはかなり先になるということだが、コードの40％まで自動生成できるケースもあるということだ。

また、モルガン・スタンレーはオープンＡＩのＧＰＴ－４をベースにしたチャットボットを開発している。このチャットボットは顧客が直接利用するのではなく、同行の約１万６０００人のフィナンシャルアドバイザーへの支援を目的として開発が進められている。トレーニングに使用するデータはウィキペディアなど一般的なＷｅｂ上のデータではなく、同行がこの目的のために用意した約10万件のデータである。さらに誤った回答をなくすために、回答の正確さを人間がチェックしているという。このチャットボットの活用によって、フィナンシャルアドバイザーの知識の底上げを図るのが狙いである。

米国を代表する大手金融機関３行の取り組み内容はそれぞれ異なるが、いずれも生成ＡＩの可能性を強く信じ、早い段階から開発を進めている点は共通する。ＡＩにかぎらず、欧米の大手金融機関は以前からテクノロジーの活用に積極的である。

たとえば、ゴールドマン・サックスは２０１７年に開催されたカンファレンスで、株取引の自動化によって２０００年時点で同社のニューヨーク本社に在籍していた６００人ものトレーダーが２０１７年にはわずか２人しか残っていないこと、そして全従業員の３分の１（当時）にあたる約９０００人がＩＴエンジニアであることを明らかにし、聴衆を驚かせた。競争の激しい金融業界において、テクノロジーの活用は競争力を維持し、イノベーションを推進するための重要な要素となっていることをうかがわせる。

〝厳格〟な法曹界もＡＩ活用へ動く

情報の正確性や情報の外部流出には特に敏感な法曹界でも、ハルシネーションやセキュリティなどの課題を解決しつつ、大規模言語モデルの活用が始まっている。

２０１３年創業の法務ＡＩのスタートアップCasetext（ケーステキスト）は２０２３年3月、オープンＡＩの協力を得て開発したＡＩ法務アシスタント「CoCounsel（コ・カウンセル）」を発表している。

コ・カウンセルは誰でも利用可能な対話型ＡＩとは異なり、高い信頼性とセキュリティの実現を目標として、ＧＰＴ－４をベースに法律実務用にカスタマイズして開発されている。情報の信頼性は参照するデータ品質に左右されるため、主要な判例、法規則、論文などを含むケーステキスト独自の判例データベースと、それらのデータベースを並列に検索可能なParallel Search（検索システム）をＧＰＴ－４と組み合わせている。これによって弁護士のリーガルリサーチ、ドキュメントレビュー、デポジション（証言の録音や記録）の準備、契約内容の分析などのタスクを正確かつ迅速に実行できるようになったという。

一方、セキュリティに関しては、コ・カウンセルが「プライベート・エントランス」と呼ぶ専用サーバーと専用のＡＰＩを介してのみオープンＡＩのモデルにアクセスできるようにしている。このＡＰＩは顧客がコ・カウンセルにアップロードしたり、入力したりしたコンテンツを保存できない仕様になっている。このため、コ・カウンセルで使用された顧客情報がオープンAIのモデルのトレーニングに使用されることはない。

ケーステキストはこのシステムを開発するために、AIエンジニアと、訴訟や取引を専門とする経験豊富な弁護士による専任チームを構成した。このチームは2022年10月から3万を超える法的質問をベースに、コ・カウンセルのトレーニングとアウトプットの微調整に4000時間近くを費やしたという。

「トランプ氏は起訴されるか?」

その後、多様なクライアント(弁護士など)からのフィードバックを得るために、グローバルな大手法律事務所や小規模な法律事務所、フォーチュン50企業の法務部門や非営利団体など40の異なる企業や組織の400人以上の弁護士をベータテストに招待した。招待された弁護士や法律専門家は、数カ月の間に日常業務で5万回以上もコ・カウンセルを使用したという。

こうしてチューニングされたあとにリリースされたコ・カウンセルは米国で放映されて

いる朝のニューストークショー「モーニング・ジョー」で紹介された。番組では、米国の下院委員会が公開したドナルド・トランプ前大統領の18カ月間の行動調査の最終報告書をコ・カウンセルにアップロードし、「トランプ氏を反乱罪で起訴する証拠があるか」など、コ・カウンセルにいくつかの質問をした。すると、コ・カウンセルはドキュメントレビューを実行し、「虚偽証言の共謀」「偽の選挙人」「関係者への圧力」「公的手続きの妨害」などの起訴の材料となる具体的な証拠がそれぞれ報告書の何章に記載されているかを提示してみせた。かかった時間はわずか３分程度。人間であれば８４７ページもの膨大な報告書から必要な情報を探し出すのに３分では決して終わらないだろう。

チャットＧＰＴのようなＡＩが弁護士の仕事を奪うのではないかという議論もある。しかし、前述したようなリーガルリサーチやドキュメントレビュー、デポジションの準備など時間のかかる業務をＡＩに任せることで、弁護士は貴重な「一日の時間」をより付加価値の高い戦略立案や顧客関係の構築などの人間的な業務に充てられる。実際にコ・カウンセルを活用している弁護士の大多数はこのように考えているそうだ。

チャットＧＰＴを判例リサーチに使った弁護士

コ・カウンセルはＧＰＴ－４を法律実務用にカスタマイズしたものだが、米国のある弁護士はチャットＧＰＴをそのまま過去の判例リサーチに使用したことで、聴聞会が開かれるほどの騒動に発展してしまった。

米『ニューヨーク・タイムズ』の報道によると、この弁護士は、ある男性がニューヨークのケネディ国際空港への飛行中にカートが彼の膝にぶつかり、けがをしたとしてアビアンカ航空を訴えた事件を担当していた。しかし、この弁護士が裁判所に提出した書類の中に含まれていた過去の判例が、実際には存在しない架空の判例であることが明らかになった。

弁護士は判例リサーチにチャットＧＰＴを使用したことを認めた。ただし、それまでチャットＧＰＴを使用したことがなく、その内容が虚偽である可能性については認識していなかった。

弁護士の説明によると、その判例が本当に実在するかどうかを改めてチャットＧＰＴに尋ねたところ、「実在します。LexisNexis や Westlaw などの信頼できる法律関連のデータベースで見つけることができます」と堂々と回答したそうだ。弁護士はそれを鵜呑みにして裏を取ることをしなかったため、結果としてそれが命取りになった。チャットＧＰＴが提示した過去の判例はすべてチャットＧＰＴが作り出したフィクションだったのである。

チャットＧＰＴが「堂々とウソをつく」というのは大規模言語モデルが抱える課題の一つであり、仮に法律業務で使うにしても弁護士や法律専門家は誤った情報や偏見が含まれていないか、出力結果を慎重に検証し、正しい情報を提供する責任がある。ＡＩが１００％正しい情報を提供できるようになるまでは、ここに人間の専門知識と判断力を使うべきであろう。この弁護士は今後、ＡＩを絶対的な信頼性の検証なしには決して使用しないと誓っているそうだ。

グーグルは医療に特化したモデルを公開

一方、医療分野では、グーグルが２０２２年に発表した大規模言語モデル「Med-PaLM（メッドＰａＬＭ）」が注目されている。これは医療の専門家や一般の人々からよく寄せられる医学的な質問に正確に回答することを目的としており、グーグルが開発した５４００

図表5-7　米国の医師国家試験をもとにしたベンチマーク試験「USMLE」の問題例

A 32-year-old woman with type 1 diabetes mellitus has had progressive renal failure during the past 2 years. She has not yet started dialysis. Examination shows no abnormalities. Her hemoglobin concentration is 9 g/dL, hematocrit is 28%, and mean corpuscular volume is 94 μm^3. A blood smear shows normochromic, normocytic cells. Which of the following is the most likely cause?

(A) Acute blood loss
(B) Chronic lymphocytic leukemia
(C) Erythrocyte enzyme deficiency
(D) Erythropoietin deficiency
(E) Immunohemolysis
(F) Microangiopathic hemolysis
(G) Polycythemia vera
(H) Sickle cell disease
(I) Sideroblastic anemia
(J) ß-Thalassemia trait

（出所）https://www.usmle.org/sites/default/files/2021-10/Step_1_Sample_Items.pdf

億ものパラメータを持つ大規模言語モデルＰａＬＭを医療業界向けにチューニングしたものである。

医療従事者による集団がメッドＰａＬＭの回答を評価したところ、92・6％の回答が医学的に正しいと判断され、医師による回答の正答率（92・9％）とほぼ同等という結果になった。一方、メッドＰａＬＭの回答のうち、5・8％が潜在的に有害な結果につながる可能性があると判断されたのに対し、医師の回答は6・5％であり、人間の回答と比べても安全であるという結果が報告されている。

メッドＰａＬＭは米国の医師国家試験ＵＳＭＬＥで、ＡＩシステムとして初めて合格ライン（60％以上）を上回る67・2％のスコアを記録したことでも有名である。

ＵＳＭＬＥの問題形式は**図表5－7**のようになっ

ており、患者の説明、症状、および薬剤が含まれたある場面が提示され、受験者は複数の選択肢から正しい回答を選択する。回答するためには、症状を正しく理解し、患者の検査結果を調べ、可能性のある診断について複雑な推論を行い、最終的にどの疾患、検査、または治療が最も適切なのかを選択する必要がある。正しい答えにたどり着くには、医学的な理解に加え、知識の取り出しや推論など総合力が求められ、臨床医がこれらの質問に正しく答えられるようになるには、何年ものトレーニングが必要とされている。

２０２３年３月に発表されたアップデート版の「メッドＰａＬＭ２」では、さらに85・4%にまでスコアを伸ばし、「エキスパート医師レベルのパフォーマンスを発揮している」と発表している。

ユーザー企業が取り得る選択肢

ここまで金融業界、法曹界、医療界の事例を見てきた。共通するのは、汎用目的の大規模言語モデルでは、特にある専門分野において出力する回答の信頼性に欠けるという課題に対して、業界固有の専門知識を学習させることで対処可能だということである。

図表5-8　ユーザー企業にとっての利用の選択肢

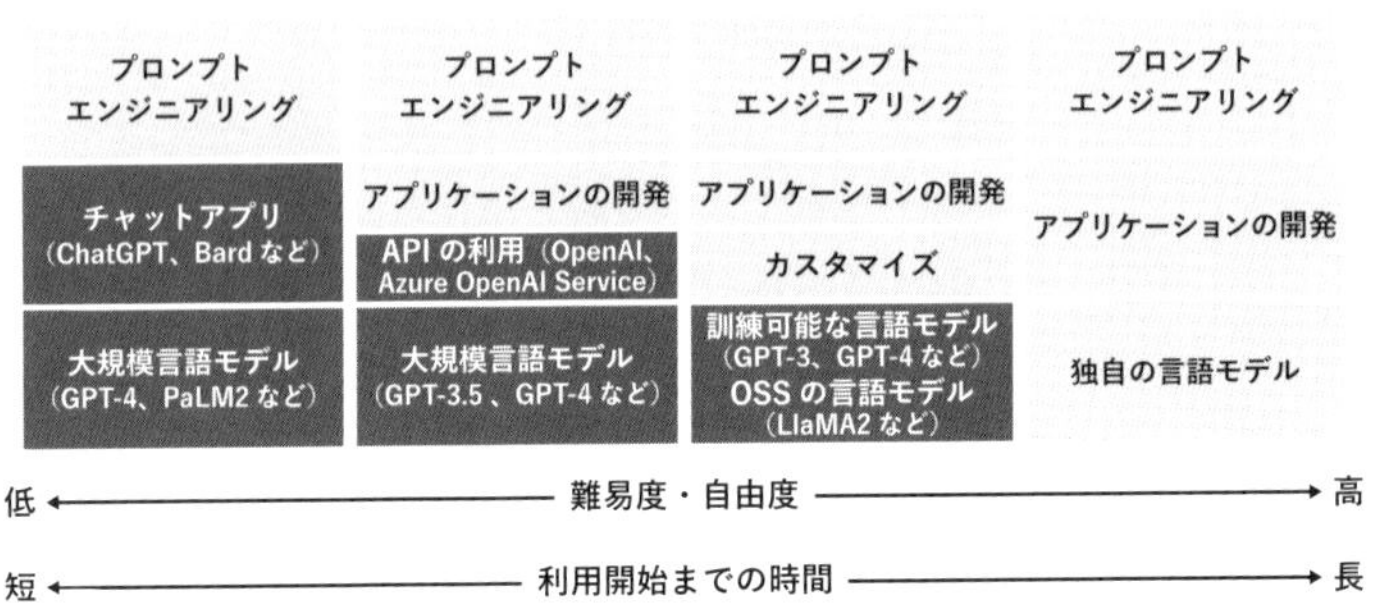

本章の最後に、使用する言語モデルなどの観点からユーザー企業が取り得る選択肢についてまとめた（**図表5－8**）。

最もオーソドックスな使い方は個人ユーザーと同じようにチャットGPTをそのまま利用することで、この場合はプロンプトエンジニアリングのテクニックを磨くことによって、求める出力結果を得られるようになる。

次にチャットGPTやアジュール・オープンAIサービスのAPIを利用して自社のアプリと組み合わせて使用する方法がある。現状の国内大企業の社内利用が該当する。

また、特定のタスクや業界に特化したモデルを開発したい場合やローカル環境で実行したい場合は、第4章で紹介したオープンソースソフトウェア（OSS）の言語モデルの利用を検討するとよい。自社のニーズに合わせて自由にカスタマイズして使用することができるほか、オンプレミス（自社運用）環境で稼働させることができる。ただし、ある程度の技術力があるエンジニアが必要になるほか、トレーニングや推論処理に多くの計算リソースを必要とする点には注意が必要だ。

　商用利用する場合は事前にライセンスの種類を確認することも忘れてはならない。特定業界や自社向けのモデルを開発するケースで、言語モデルとしてＧＰＴシリーズを使いたい場合はオープンＡＩとの個別交渉が必要になるものの、ＧＰＴのトレーニング可能なバージョンを提供してもらう方法がある。ＯＳＳの場合と同じように自らデータを用意し、トレーニングやファインチューニングを行わなければならず簡単ではないが、それだけのメリットはある。スーパーグレートやケーステキストが好例である。

　最後に難易度は一気に上がるが、言語モデル自体を自社で開発するという選択肢もある。ブルームバーグＧＰＴがこのケースに該当し、トレーニングに使用するデータセットを準備するところから始まるため、開発には時間もコストもかかる。

　たとえば、Ｗｅｂ上から大量のデータをスクレイピング（自動抽出）してトレーニング用データを取得する場合、その中に健康診断や遺伝子検査の結果などの「要配慮個人情報」が含まれていると、日本の個人情報保護法では本人による同意が必要になる。そのため、収集するデータに要配慮個人情報が含まれないようにしなければならない。こうした手間はかかるものの、その分、自社の業務特性に合わせたモデルを自由に作ることができるというメリットもある。

この４つのパターンはどれがよくて、どれが悪いということではない。自社の保有する人材や活用できるコンピューターリソース、用意できるデータ、投入できるコスト、時間的な猶予などに応じて選択するとよい。

第6章

生成AIで「消える」仕事

生成ＡＩ失業論

「ＡＩによって人間の仕事はどの程度代替可能なのか？」

第3次ＡＩブームが始まった頃から、ＡＩが労働市場に及ぼす影響を分析した研究が盛んに行われてきた。ＮＲＩ（野村総合研究所）も２０１５年12月に、オックスフォード大学のマイケル・Ａ・オズボーン准教授（当時）およびカール・ベネディクト・フレイ博士との共同研究により「10～20年後に日本の労働人口の49％が人工知能やロボット等で代替可能である」という推計結果を公表している。類似の研究を含め、これまでは「ルーチン化された反復的なタスクに従事する労働者は、ＡＩによって置き換えられる可能性が高い」と結論づけるものが多かった。

では、チャットＧＰＴに代表される、さまざまなタスクをこなす大規模言語モデルの登場によって、こうした結論は変化するのだろうか。欧米では早くも大規模言語モデルが労働市場に及ぼす影響を分析した研究論文が公開されている。

代表的な論文は、チャットＧＰＴを開発したオープンＡＩとペンシルベニア大学の研究者らによって執筆された「GPTs are GPTs: An Early Look at the Labor Market Impact

Potential of Large Language Models（GPTはGPTである：大規模言語モデルの労働市場への潜在的な影響についての初期研究）」である。

高賃金の職種ほど影響を受けやすい

詳細は一般公開されている本論文を参照されたいが、大規模言語モデルが米国の労働市場に及ぼす影響を分析したもので、主要なポイントは以下のとおりである。

（1）大規模言語モデルを利用すると、米国の全労働者の約15％の仕事が同じ品質を維持しつつ、著しく早く完了する。さらに大規模言語モデルを組み込んだソフトウェアやツールを利用すると、この割合は47〜56％にまで増加する

（2）自身の仕事のうち、少なくとも10％が影響を受けるのは米国の全労働者の約80％

（3）自身の仕事のうち、少なくとも50％が影響を受けるのは米国の全労働者の19％

（4）賃金別では特に高賃金の職種が多くの影響を受ける

（5）スキル別ではプログラミングやライティングのスキルを必要とする職種ほど大きな

影響を受け、反対にサイエンススキル[注1]やクリティカル・シンキングのスキル[注2]が重要な職種は影響が少ない

（6）就業の難易度別[注3]では就業の障壁が高い職業ほど影響が大きい

（7）業界別ではデータ処理、情報サービス、証券・保険、出版業界が大きな影響を受け、製造業、農業、鉱業は影響が小さい

（8）影響を受ける職業は数学者、税理士、金融クオンツアナリスト、Ｗｅｂ・デジタルインターフェースデザイナー、会計士・監査役、報道アナリスト・レポーター・ジャーナリスト、法務秘書・事務補佐、臨床データ管理者、気候変動政策アナリストなど

（9）影響を受けない職業は農業用機械のオペレーター、バス／トラックの整備士、セメント職人、調理師、即席料理の調理人、油田・ガス田の掘削装置のオペレーターなど

この中でまず注目すべきは、（4）の高賃金の職種ほど影響を受けやすい、や（6）の就業の難易度が高い職業ほど影響が大きい、である。「ルーチン化された反復的なタスクに従事する労働者（≒低賃金で就業難易度が低い）に及ぼす影響が大きい」という従来の研究とは違った結果となっており、非常に興味深い。

この研究では、影響を受ける業界や職業について、人間とＡＩ（ＧＰＴ－４）がそれぞれ評価を実施している（**図表6－1**）。両者で微妙に評価が異なっているものの、大きな違いはない。たとえば、（７）の影響を受けやすい業界については、上位6位までは順位が入れ替わっているものの業界の顔ぶれじたいは変わらない。

また、本論文では、（１）を根拠に、「チャットＧＰＴのような大規模言語モデルは、広い範囲で多様な用途に使用される可能性がある『汎用技術（General Purpose Technology）』の特徴を示しており、重要な経済的、社会的、政策的影響を持つ可能性がある」と結論づけている。

この論文のタイトル「ＧＰＴはＧＰＴである」は、初見では意味がわかりにくいが、後者の「ＧＰＴ」はGenerative Pretrained Transformerの略ではなく、General Purpose TechnologyのＧＰＴの略であることがわかる。つまり、「ＧＰＴは汎用技術である」というのが論文のタイトルなのだ。

汎用技術とは、経済全体に影響を与え得る技術のことである。たとえば、18世紀末～19世紀初頭の「蒸気機関」、19世紀半ば～末頃の「鉄道」「内燃機関」「電力」、20世紀の「コンピューター」や「インターネット」などがその象徴であるとされる。

図表6-1　大規模言語モデルの影響を受けやすい業界

	人間による評価	GPT-4による評価
1	証券・商品取引および投資業（証券会社、投資銀行など）	データ処理、ホスティング、ASP 業
2	保険業（保険会社、保険代理店）	情報サービス業（ニュース配信、図書館、インターネット出版、金融情報サービス、法律情報サービスなど）
3	データ処理、ホスティング、ASP 業	出版業（書籍、新聞、専門誌、学術誌、ソフトウェア、音楽など）
4	情報サービス業（ニュース配信、図書館、インターネット出版、金融情報サービス、法律情報サービスなど）	保険業（保険会社、保険代理店）
5	出版業（書籍、新聞、専門誌、学術誌、ソフトウェア、音楽など）	信用仲介業（銀行、信用組合、ローン会社、クレジット会社）
6	信用仲介業（銀行、信用組合、ローン会社、クレジット会社）	証券・商品取引および投資業（証券会社、投資銀行など）
7	非金融無形資産（特許、著作権、商標、フランチャイズ契約など）のリース業	プロフェッショナルスキル、技術的専門性を提供するサービス業（法律、会計、税務、建築、エンジニアリング、デザイン、ソフトウェア開発、広告、PR など）
8	ファンド・信託業（投資信託、年金基金、信託、不動産投資信託などの管理・運用会社）	非金融無形資産（特許、著作権、商標、フランチャイズ契約など）のリース業
9	金融当局、中央銀行	放送業（テレビ、ラジオ、天気予報、交通情報、緊急警報などの特定の情報を放送するサービス）
10	オンライン卸売市場と代理店、ブローカー（バイヤーとセラーがオンラインで商品やサービスを売買できるプラットフォーム、オークションサイトなど）	金融当局、中央銀行

（出所）「GPTs are GPTs: An Early Look at the Labor Market Impact Potential of Large Language Models」をもとに作成

大規模言語モデルが本当にこれらの技術に匹敵するような汎用技術だとすると、そのインパクトは確かに甚大であろう。

（注1）ここでの「サイエンススキル」は「科学的な法則と手法を使用して、問題を解決すること」と定義されている
（注2）ここでの「クリティカル・シンキング」は「論理と推論を使用して、問題に対するアプローチと結論、代替ソリューションの長所と短所を明らかにすること」と定義されている
（注3）就業の難易度とは、職業に必要な教育レベル、必要な経験の量、オン・ザ・ジョブトレーニングの必要性の程度などによって分類している

3億人分の仕事が自動化される？

生成ＡＩが労働市場に与えるインパクトについて分析した研究としては、ゴールドマン・サックスが２０２３年３月末に公開した「The Potentially Large Effects of Artificial Intelligence on Economic Growth（経済成長に対するＡＩの潜在的に大きな影響）」という調査レポートも注目を集めている。

図表6-2　AIによる自動化の影響を受けやすい業界（米国）

順位			順位		
1	事務／管理サポート	46%	10	医療従事者と関連する技術職	28%
2	法律関連	44%	13	教育、図書館関連	27%
3	建築、エンジニアリング	37%	14	医療支援	26%
4	生命科学、物理科学、社会科学	36%	14	芸術、デザイン、エンターテイメント、スポーツ、メディア	26%
5	金融業務	35%	16	パーソナルケアサービス	19%
6	社会福祉サービス	33%	17	飲食関連	12%
7	管理業務	32%	18	輸送	11%
8	営業関連職	31%	19	生産	9%
9	コンピューター、数学関連	29%	20	建設、採掘	6%
10	農業、漁業、林業	28%	21	設置、保守、修理	4%
10	保安サービス	28%	22	建物や敷地の清掃と保守	1%

（出所）Goldman Sachs「The Potentially Large Effects of Artificial Intelligence on Economic Growth」をもとに作成

このレポートでは、生成ＡＩは労働生産性の向上を実現し、10年間で世界のＧＤＰを7％、または7兆ドル増加させる可能性があるとしている。一方で、米国と欧州の職業分類に関するデータを使用して分析した結果、生成ＡＩは現在の仕事の最大4分の1を代替できると推計し、それを全世界に拡大して考えると、3億人相当のフルタイム労働者の仕事が自動化されると指摘している。

特に影響が大きい職種としては、事務／管理サポート（46％）、法律関係（44％）、建築／エンジニアリング（37％）を挙げ、反対に建物や敷地の清掃と保守（1％）、設置／保守／修理（4％）など肉体労働系の職種は影響が小さいとしている（図表6－2）。また、生成ＡＩによって自動化されるフルタイム労働者の比率を国別に分析したところ、比率が高いのは香港、イスラエルの順で、日本は約25％で3番目に位置づけられている。

注目したいのは、ほとんどの仕事や産業は部分的にしか自動化の影響を受けず、ＡＩによって置き換えられるよりも、むしろ補完される可能性が高いと指摘している点であろう。このレポートでは「タスクの少なくとも50％が自動化の影響を受ける職業は、ＡＩによって置き換えられる可能性が高い」と仮定し、「10～49％の影響を受ける職業は補完される可能性が高く」、「0～9％は影響を受けない」と仮定している。現在の米国の雇用でいうと、7％がＡＩによって置き換えられ、63％が補完され、30％が影響を受けないということになる。

先ほど紹介したオープンＡＩ×ペンシルベニア大学の研究と、ゴールドマン・サックスの研究を比較すると、「自身の仕事の50％が影響を受ける」のは前者が19％、後者が7％、「自身の仕事の少なくとも10％が影響を受ける」のは、前者が約80％、後者が63％、「ほとんど影響を受けない」のは前者1％、後者が30％となった。なお、物理的な機械を操作するといった肉体労働系の仕事が影響を受けにくいという点は共通している。

早くもディスラプトされ始めた教育産業

チャットＧＰＴによって、さまざまな産業への影響が囁かれているが、早くもその影響が現れた業界がある。教育産業である。すでに学生がチャットＧＰＴに宿題や課題をやらせて学校に提出したケースが報告されているが、これは見方を変えれば、塾や家庭教師、あるいは通信教育などのさまざまな教育サービスをチャットＧＰＴが代替しているともいえる。

なにしろ、これまで高いお金を払って教えてもらっていた問題の解き方をチャットＧＰＴは無料で教えてくれるのだ。しかも24時間、リアルタイムに。

２００６年に設立され、カリフォルニア州サンタクララに本拠を置く教育テクノロジー企業であるChegg（チェグ）は、２０２３年５月１日に行われた決算説明で同社のＣＥＯが「チャットＧＰＴの登場によって新規顧客の獲得に影響が出ている」と発言したことから、株価が一時約48％も下落した（**図表６－３**）。

同社は月額15・95ドルからのサブスク形式で、オンライン教育や学習支援サービスを提供している。２０２１年には米『フォーブス』誌の「米国で最も価値のある教育テクノロ

図表6-3　Cheggの株価の推移

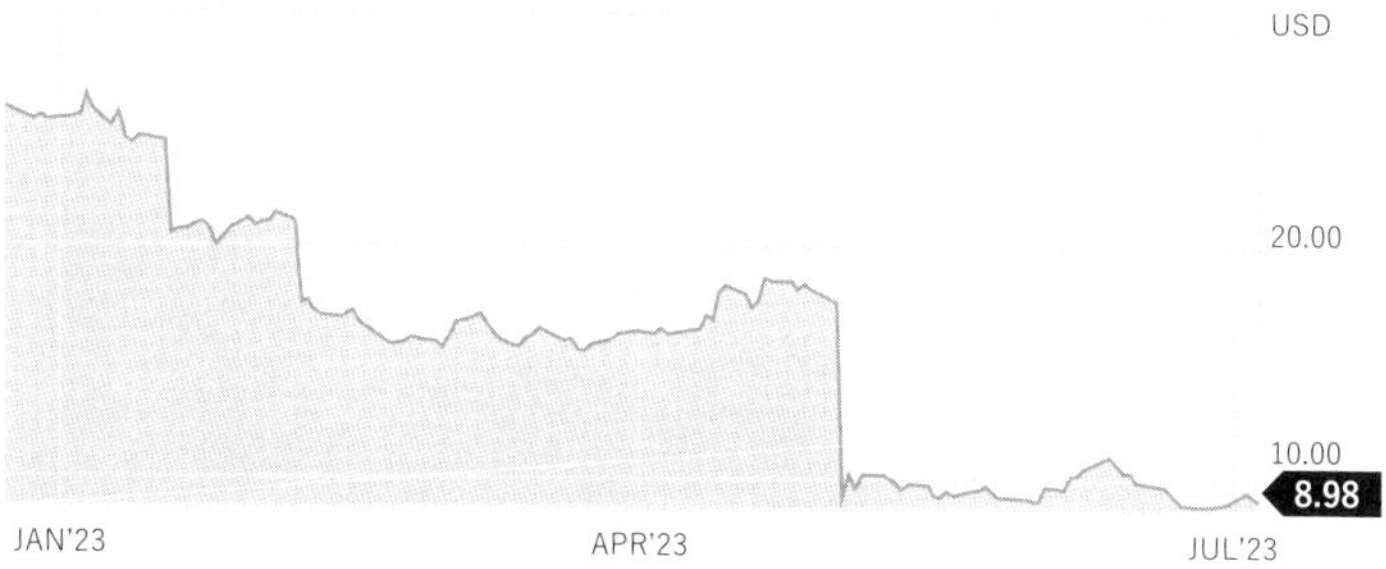

（出所）https://ycharts.com/companies/CHGG

ジー企業」にも選出され、２０２０年3月時点で約２９０万人ものサブスクサービスの会員を抱えている。特にコロナ禍で外出が難しくなった高校生や大学生への遠隔教育サービスがヒットし、パンデミック中に大幅な成長を遂げた。

一方で、同社が提供している「HOMEWORK HELP（ホームワークヘルプ）」というサービスは物議を醸してきた。その名のとおり、会員である学生の宿題の解答をサポートするもので、学生が解けない宿題やレポートの問題をネットに投稿すると、同社の専門家がその問題に対する解法や考え方の解説とともに解答を提供する。また、学生が他のユーザーと質問や回答を共有し合えるコミュニティサービスも運営している。いずれの場合も学生は宿題やレポートの電子ファイルをそのまま投稿して解答を募ることができるため、一部の大学は誠実さに欠けるとしてホームワークヘルプの利用を禁止している。

生成ＡＩで宿題をしていいのか

ホームワークヘルプの中身を知ると、そのままチャットＧＰＴに代替可能であることに気づく。チャットＧＰＴに宿題を投げれば、すぐに解答が得られるのだから当然だろう。実は、同社はこうした事態を見越してか、決算発表前の４月半ばにすぐさま対策を打って出ている。オープンＡＩとの共同開発によってＧＰＴ－４を組み込んだ「CheggMate（チェグメイト）」という新サービスを発表したのだ。

チェグメイトは各学生の学習状況に合わせてパーソナライズされた学習手順、カスタマイズされたクイズとテスト、状況に応じたサポートとガイダンスの提供を目指している。学生がチャットＧＰＴを使うのと同様に、テキスト、写真、数学の問題、または図などさまざまな形式で質問を入力すると、チェグメイトは順を追って解法を説明してくれる（**図表６－４**）。ユーザー一人ひとりの学習状況も記憶しているため、「昨日は物理を勉強しましたね。今日も続けますか？」「はい。テストが控えているので、今日も続けたいです」

図表6-4　CheggMateのイメージ

（出所）https://www.chegg.com/cheggmate

といった会話が展開される。

ただし、この新サービス発表後も同社の株価は下がったままであり、本稿執筆時点で半年前に比べて約65％も下がっている。現時点ではかぎられたユーザーしか使えないため、反響はまだわからない。本格展開後に同社の株価が回復するのかが注目される。

変革真っ只中の広告業界

広告やマーケティング業界も生成ＡＩの影響を強く受ける業界の一つだろう。まず思いつくのが、前述した検索連動型広告である。グーグルは検索エンジンに生成ＡＩ

を組み込み、引き続き広告を表示する構えを見せているが、少なくとも現在のインターフェースは変化することになる。

また、キャッチコピー等のコンテンツを作成する業務にも大きな影響を与えるのは避けられない。ＡＩは大量のコンテンツを迅速に生成できる。特定のキーワードやフレーズを使用したキャッチコピーをほんの数分で大量に生成することが可能である。

さらには、効果をリアルタイムに測定して即座に新しい広告を作り直し、再度効果を測定するというように、従来とは比較にならないほど高速にＰＤＣＡサイクルを回すこともできるようになる。

すでにサイバーエージェントは、自社で開発した大規模言語モデルとチャットＧＰＴのＡＰＩを既存の生成システムに組み合わせている。これによって、バナーに使われる画像の内容に加え、「朝が忙しい、働く人」など、広告のターゲットに合った広告コピーを作り分けられるようにしている。さらに、従来から活用してきた「効果予測ＡＩ」をこの広告コピーに対しても適用することで、生成したコピーの効果予測を行いながら制作を行い、広告効果が既存のコピーを上回るようなコピー制作が実現できるとしている（**図表６－５**）。

同社で広告クリエイティブのできばえを判断するディレクター職はかつて30～40人いた

図表6-5　サイバーエージェントが開発した広告コピー自動生成機能を実装したAIの概要

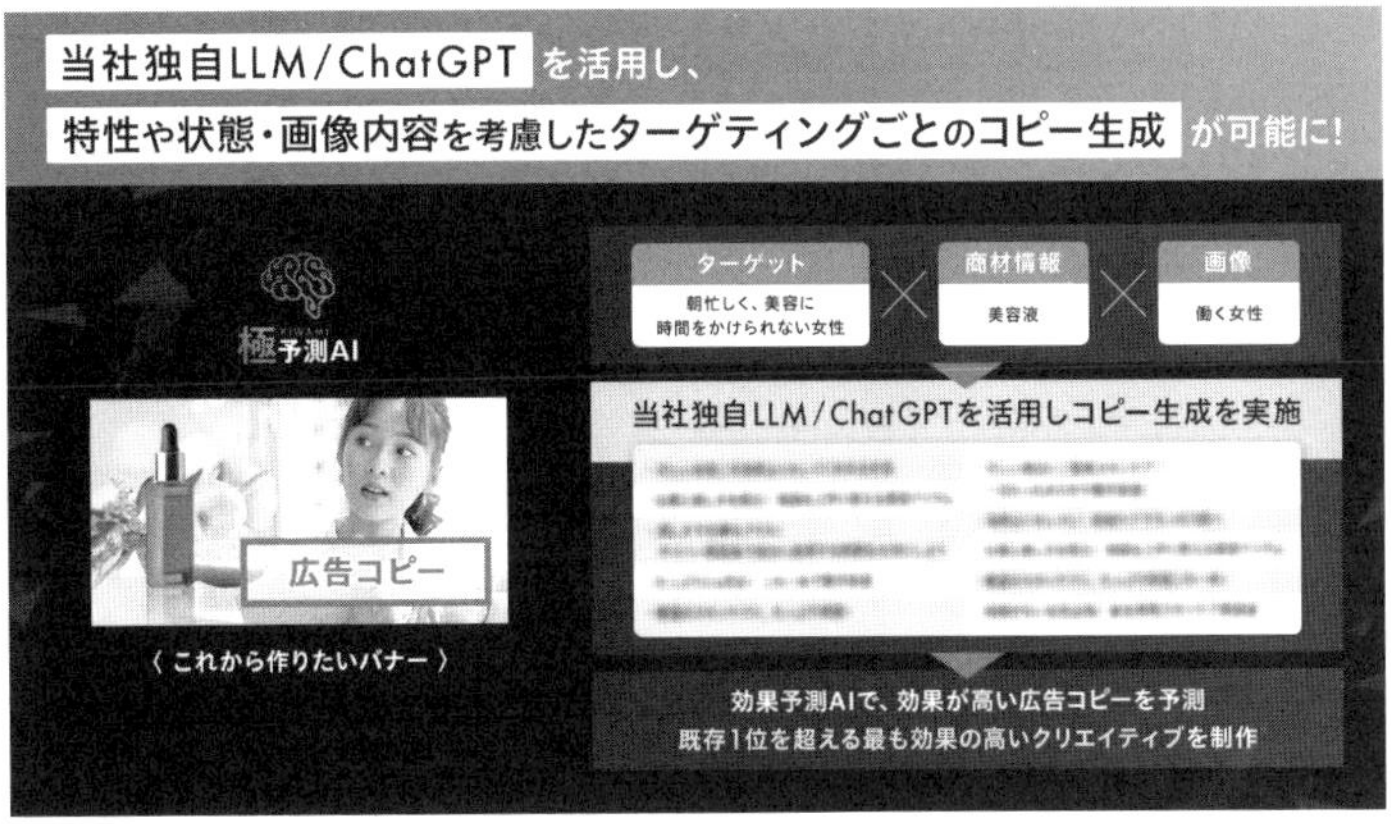

（出所）https://www.cyberagent.co.jp/news/detail/id=28828

が、この効果予測ＡＩの活用によって、現在はゼロになったと報じられている。

キャッチコピーだけでなく、画像生成ＡＩを使えば、実写と区別できないようなリアルで自然な人物画像も量産できる。すでにネット上には画像生成ＡＩで生成した「ＡＩグラビアアイドル」などがあふれかえっている。注意深く検証すれば随所に不自然な箇所があるためＡＩが制作したものだとわかるが、ぱっと見では判別できないものも多い。

ＡＩで生成したモデルがリアルに近づけば、デジタル広告に使う人間のモデルは代替されてしまうだろう。これはモデルだけの問題ではなく、モデルを撮影するカメラマン、撮影機材やスタジオを提供する事業者にも影響が出る。デジタル広告を取り巻くエコシステムは破壊されることになる。

７８００ものポジションが「採用一時停止」

事務や管理系タスクがＡＩの影響を受けやすいというゴールドマン・サックスのレポートを裏づけるように、早くもそうした業務に携わる人員の採用停止に踏み切る企業も出てきている。

２０２３年5月、自らもＡＩの開発を進めている米ＩＢＭのアーヴィンド・クリシュナＣＥＯは、時間の経過とともにＡＩに取って代わられる可能性のある約７８００のポジションの採用を一時停止する計画を明らかにした。

同氏は人事などのバックオフィス部門の採用を一時的に停止、または減らし、顧客対応ではない約2万６０００人に影響があるとしている。これには、自然減で空席になったポジションの補充が行われないことも含まれる。

採用を一時停止する理由として、同氏は「今後5年間で顧客対応でない業務の30％がＡ

Ｉと自動化によって置き換えられると予測できるからだ」と述べ、具体的には「雇用確認書の提供や、部署間の従業員の異動などの特定のタスクは完全に自動化される可能性がある」としている。一方で、「人員構成を決定したり、生産性を評価したりする一部の人事機能は今後10年間で置き換えられることはない」と述べている。また、こうした特定の役割での人員の削減を予想しているにもかかわらず、ソフトウェア開発や顧客対応の人員については採用を継続するとしている。

ウォルマートは値引き交渉に利用

決して単純ではない業務にもＡＩを導入する企業が増えている。たとえば、米国のスーパーマーケット大手のウォルマートは、サプライヤーとの価格交渉に、チャットＧＰＴによく似たＡＩチャットボットを使用している。このチャットボットはカリフォルニアに本拠を置くＡＩ企業Pactum AIが開発したもので、人間の売り手と交渉し、ウォルマートにとって最良の取引条件を引き出すことを目的としている（図表6－6）。

ウォルマートの調達担当者はシステムに予算と優先順位を伝え、チャットボットが交渉

図表6-6　Pactum AIの交渉自動化AIの画面イメージ

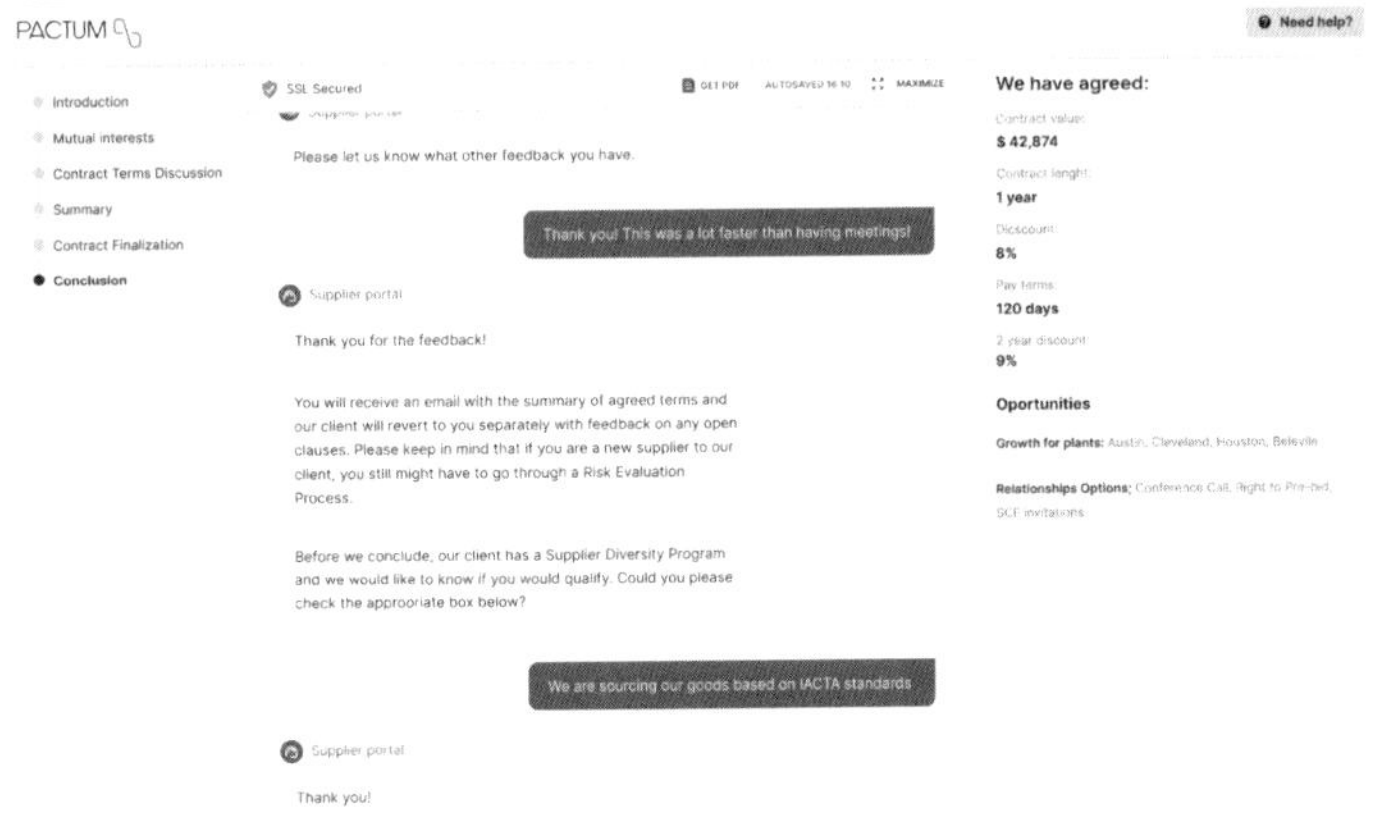

（出所）https://pactum.com/

を行う。このチャットボットは、割り引き、支払い条件、個々の商品の価格などについて交渉することが可能である。

たとえば、商品の値上げを要求された場合、過去のトレンド、競合他社が購入すると予想される推定価格、商品製造に必要な主要な原材料価格の変動など、さまざまな要素を比較してウォルマートが受け入れるべき最高価格を教えてくれる。必要に応じ、人間の調達担当者が修正できるようにもなっている。

なお、今のところＡＩが交渉の対象としている商品は顧客に販売する商品ではなく、ショッピングカートや店舗で使用する機器などであり、人間の調達マネージャーが折衝するほど大きくない取引である。また、サプライヤーについても、支払い条件に関する正確なデータが存在し、条件の改善とさらなる値引きの可能性があるサプライヤーに対象を絞っている。

「人間より生成AIと話し合いたい」

ウォルマートによると、このチャットボットを導入した結果、交渉したサプライヤーの68％との取引に成功し、人間が交渉を担当していた際は取引成立までに数週間〜数カ月要していたのに対し、チャットボットではわずか数日で取引が成立したという。さらに平均3％の調達コストの削減にもつながったということだ。

同社はもう一つの利点として、2000ものサプライヤーと同時並行で契約交渉できた点を挙げている。総サプライヤーが10万を超えるウォルマートにとってこの点は効果が大きく、また、人間のバイヤーでは不可能だっただろう。

一方のサプライヤー側もチャットボットとの交渉を好意的に受け止めている。チャットボットとの交渉を経験したサプライヤーの4分の3が「人間よりもチャットボットとの交渉を好む」とウォルマートに伝えたという。

現在のところ、チャットボットは人間の仕事を置き換えるためではなく、過重労働となっている調達スタッフを支援するために使用されている。しかし、将来的には人間がほぼ関与しなくなる可能性もある。ただし、ＡＩは参照可能なデータが少ない場合に正確な判断を下すことが難しく、サプライヤーとの関係性などの外部要因も考慮することができないため、いきなり全面的に置き換えるのではなく、少しずつ守備範囲を広げていくことになるだろう。

ＡＩに代替されるのは時間の問題

歴史を振り返ると、人間はこれまでも大きな技術変革に対し、適応力を発揮してきた。

たとえば、産業革命によって多くの手工業の仕事が自動化され、多くの人が職を失った一方で、新たな工業製品や機械が生まれ、自動車生産ラインでの組み立て作業や、機械の修理、設計などの新たな職種が誕生した。また、コンピューターの普及によって多くの事務作業や計算作業が自動化され、職を失った人々が出たものの、コンピュータープログラマーやソフトウェアエンジニア、データアナリストなどの新たな仕事が生まれた。

こう考えてみると、新技術の登場によってある仕事は消滅する一方で、別の新たな仕事が生まれることは間違いないように思える。しかし、注意しなければならないのは、職を失った人々がそのまま右から左へと横滑りで新たな仕事に就けるわけではないことだ。先の例で言えば、それまで手工業の仕事に就いていた人が何もせずに機械の設計の仕事に就けるわけでもなく、事務作業を行っていた人がそのままソフトウェアエンジニアになれるわけでもない。新たに生まれる仕事に就くためには、相応の努力が求められるのはいつの時代も変わらない。

オープンＡＩのサム・アルトマンＣＥＯは、２０２３年３月に米国のニュース番組「ＡＢＣニュース」の独占インタビューに対し、近い将来、一部の仕事がＡＩに置き換わる可能性があることを認め、「それがどれだけ速く起こるかが心配だ」と語っている。これまでの産業革命やコンピューター化と異なり、わずか数年で人間の仕事がＡＩに置き換えられた場合、人間はそれを受け入れ、対応できるのか、というのである。

ここ数年「リスキリング（学び直し）」という言葉がブームになっている。同氏の懸念どおりＡＩの導入が早期に進み、人間の仕事を代替するようになったとしたら、悠長にリスキリングに取り組む余裕はなくなってくる。

AIを使いこなせる人材が使いこなせない人材を代替する

サム・アルトマン氏は前述のように警鐘を鳴らす一方で、「チャットGPTを人間の置き換えではなく、ツールとして見る」ことを奨励している。前述した2つの研究でも、AIによって仕事が完全になくなる割合よりも、AIが人間を補完する割合のほうが多くなるという結論であり、これはAIが仕事内のタスクの一部を置き換えるものの、人間を完全に追い出すものではないことを意味している。

たとえば、配車アプリ「ウーバー」の登場によって、タクシードライバーに求められるスキルの優先度は変わった。かつては、客を拾える確率の高い場所を知っていることや道に詳しいことが「よい運転手」だった。今では、客はタクシーを拾う代わりに、オンデマンドで自分がいる現在地にウーバーを呼ぶようになり、目的地も事前にアプリから入力してあるので、ドライバーはナビゲーションシステムに従って運転すればよい。

そのため、ドライバーは安全かつ丁寧に車を運転することや、車を清潔に保ち、乗客に不快感を与えないことが求められるようになった。ただし、仕事自体は失われていない。つまり、新しい技術を積極的に受け入れ、自分のスキル不足や経験不足を補う便利なツールとして有効活用することが大事なのである。

ホワイトカラーの仕事はどうか。今後は、チャットＧＰＴに翻訳や校正、メールの文案作成、情報収集、簡単なコーディングなどのタスクはすべて任せて、人間は人間にしかできない別のタスクを行うというのが基本線になるだろう。

考えてみれば、英語が苦手な日本人が海外の取引先に英語でメールを書くのに四苦八苦し、相当の時間を費やしているなら、チャットＧＰＴに任せて、人間は判断力や創造力、実際のアクションを必要とするタスクに集中するほうが、よほど生産性が上がる。このとき、翻訳「だけ」、校正「だけ」を仕事としていた人は残念ながら、仕事を失う可能性が高くなるため、リスキリングが必要になることは避けられない。

つまり、当面はＡＩが人間を代替するのではなく、ＡＩをツールとして使いこなせる人間が使いこなせない人間を代替することになるだろう。生成ＡＩによって自身の能力を拡張することに成功した人間がそうでない人間を駆逐するのである。

すでにマイクロソフトの各プロダクトに生成ＡＩが組み込まれつつあるように、今後はあらゆるツールにＡＩが搭載されるようになる。そうしたツールをうまく使いこなせれば、生産性が各段に向上することは想像に難くない。これまでもコピー機が使えない、スマホが使えないといった人は一定割合で存在した。しかしＡＩを使えないと、これまでとは比較にならないほど生産性に差がつくことになる。逆にコピー機やスマホはＡＩの搭載によって、すべて自然言語で操作できるようになり、誰でも使えるようになるだろう。

企業のリスキリングの対象は生成ＡＩに

ＡＩを使いこなせない人間が代替されるとすると、短期的には生成ＡＩを使いこなせるようにするリスキリングが必要になる。企業としても従業員が生成ＡＩを使いこなすことによって生産性が向上するなら、今後ますます深刻になるだろう人手不足や長時間労働の改善につながるため、積極的に支援するべきである。

すでに日本企業もそうした方向に動き始めている。たとえば、博報堂ＤＹグループはプロンプトエンジニアの育成に積極的に投資することを表明しており、傘下の博報堂テクノロジーズの開発エンジニアやプロデューサー３００人を対象にプロンプトエンジニアリングのカリキュラムを提供するとしている。さらにその教育プログラムを博報堂ＤＹグループ全体に展開することで、グループ全体で１０００人のプロンプトエンジニアの養成を目指すと発表している。

生成ＡＩを利用しやすい環境を整備することも必要である。セキュリティを懸念してチャットＧＰＴの使用を禁止する企業もあるが、先に説明したとおり、オープンＡＩやマイクロソフトは着々と企業利用に適したプランの提供を進めており、早晩、利用を禁止する理由は見つからなくなるだろう。逆に使用しないことは生産性向上のチャンスをみすみす逃し、「競争劣位」に陥ると考えるべきである。

すでに伊藤忠商事は「生成ＡＩ研究ラボ」を設立し、全社員が生成ＡＩを自由に活用できる環境を整備し、日常業務の生産性向上の検証を開始することを発表している。具体的には、情報漏洩を防ぐためのＩＴ環境の整備や、正しいデータセットで学習されたＡＩモデルの利用環境、現場社員が生成ＡＩを活用しやすいインターフェースや社内サポート体制を構築し、生成ＡＩの実用化を目指すとしている。

同様の取り組みは今後増加すると予想され、福利厚生として全従業員を対象に有料版のチャットＧＰＴプラスの利用料金を会社が負担する企業も出てきている。生成ＡＩを使わない理由探しは早急に止めにして、生成ＡＩ前提での働き方やビジネスプロセスの見直しに着手したほうがよほど生産的だ。

社会全体で支援する仕組みが必要

もっとも、ウーバーのケースでは将来的に完全自動運転が実現し、人間は運転する必要さえもなくなることが想定される。車を清潔に保つという仕事も、車のエクステリアだけであれば洗車機がやってくれる。そうなると人間の仕事は車内清掃くらいしか残らず、それはもはやドライバーと呼ぶべき仕事ではないのかもしれない。そうなると、やはりリスキリングが必要になる。

繰り返しになるが、問題になるのは現在の仕事が消滅するスピードである。これまでは、新技術によって仕事が消滅するスピードは新しい仕事が生まれるよりもはるかに遅いスピードで進行してきた。

たとえば銀行にＡＴＭ（現金自動預け払い機）が導入され始めたのは１９７０年代であるが、約50年が経過した現在でも、銀行窓口は次第に縮小されつつも消えてはいない。コロナ禍を経てモバイルバンキングの利用者が増加した現在でも同じである。もともと銀行の窓口業務だけを専門にしていた人は少ないかもしれないが、新たなスキルを習得する時間は十分にあっただろう。それが仮に1～2年で仕事がなくなるとなった場合にわれわれはそれを受け入れ、対応できるのだろうか。

変化があまりに急速に起こる場合、労働者が技術の変化に対応し、新たな仕事やスキルを身につけるためには、教育機関や政府、企業など社会全体として支援する仕組みが必要になってくる。教育システムや労働市場の柔軟性を高め、労働者が持続可能なキャリアパスを構築できるような環境を整備することが求められるようになるだろう。

AI時代に求められる人間の能力

チャットGPTを使用していると、本当に人間のような知能を持っている相手と会話している錯覚に陥る。しかし、実際には知能を持っているのではなく、データベースを参照し、統計的に確率の高い言葉を選択して回答を生成するようにプログラムされているにすぎない。このため、文脈や質問を正しく解釈できずに誤った応答をすることがある。

一方、人間は相手の意図や感情を直感的に理解したり、自己の倫理観や価値観にもとづいて判断し、行動したりすることができる。至極あたり前のことであるが、ＡＩ時代の人間にはＡＩが学習できないこと、自動化できないことを担う役割が求められる。相手の意図や感情を理解したうえで共感を示したり、相手に寄り添って優しい言葉をかけたり、自己の倫理感や価値観にもとづいて判断し、行動することが求められよう。

ただし、残念なことに人間は「できること」と「実際にやること」を使い分けることができる。相手が困っていたり、悩んでいたりすることがわかっていても、自分が忙しいとついついぶっきらぼうな返事をしてしまうことはないだろうか。

それなら人間が相手をするより、チャットＧＰＴのような対話型ＡＩがいくらでも相手をしてくれるだろう。実際は、統計的に確率の高い言葉を延々とつないで回答を作成するだけなのだが……。

人間にはまた、ＡＩにはない真の専門知識も求められる。チャットＧＰＴの登場によって、「専門知識」とは何かを知っていることではなく、ＡＩに対して適切な質問をしたり、ＡＩが返す回答に対して誤りを指摘したりできるだけの十分な知識を持っていることというように再定義されようとしている。

知識の広さや量で言えば、ＡＩにはかなわない。知っていることが重要なのではなく、「知りたいことは何かを知る」ことのほうがはるかに重要になるだろう。そして、少なくとも特定の領域やテーマにおいてはチャットＧＰＴよりも深い知識を持つことが必要である。

チャットＧＰＴが返す応答はウィキペディアのような「群衆の知恵」を組み合わせた回答のように感じられることが多い。感覚的な言い方になるが、常に70～80点は取れるが、１００点以上は取れないというイメージである。

人間であれば、50点を取ることもあるが、まれに１２０点をつけたくなるような回答ができる可能性がある。

コラム　チャットGPTは医師よりも患者に寄り添える

本来であれば、相手に対して深い共感を示すのはＡＩよりも人間が得意なはずだが、必ずしもそうは言い切れないという実験結果がある。

２０２３年４月に公開された「Comparing Physician and Artificial Intelligence Chatbot Responses to Patient Questions Posted to a Public Social Media Forum（パブリックなソーシャルメディアフォーラムに投稿された患者の質問に対する医師とＡＩチャットボットの応答の比較）」という論文では、オンライン掲示板「レディット」に投稿された患者の質問に対して、人間の医師とチャットＧＰＴのどちらが適切な回答をできたかについて評価している。

具体的には、無作為に選ばれた１９５件の匿名化された質問とランダムに並べられた医師とチャットＧＰＴの回答について、ライセンスを持つヘルスケアの専門家チームが比較・評価するという方法で行われた。評価者は「どちらの回答が良かったか」を選択し、「提供された情報の品質（非常に悪い、悪い、許容できる、よい、非常によい）」と「共感性、患者に対する接し方（共感しない、わずかに共感する、中程度に共感する、共感する、非常に共感する）」の２つの観点から、それぞれ5段階で評価した。

結果は、全回答のうち、78・6％で「チャットＧＰＴの回答が医師の回答よりも好ましい」と評価された。医師の回答は、チャットＧＰＴの回答より短く（平均52語対２１１語）、「質がよい、または非常によい」と評価された回答の割合は、チャットＧＰＴのほうが医師よりも約３・６倍も高かった（チャットＧＰＴ：78・５％、医師：22・１％）。

　また、共感性の観点でもチャットＧＰＴの回答は、医師の回答よりも優れていると評価された。「共感する、または非常に共感する」と評価された回答の割合は、チャットＧＰＴが45・１％、医師が４・６％と、チャットＧＰＴが医師よりも９・８倍も高かった。

　ただし、この論文ではチャットＧＰＴが医師の代替になると結論づけてはいない。患者の質問に対してチャットＧＰＴが回答のドラフト（草案）を作成し、その後医師が確認し、必要に応じて編集することによって患者の質問に答えることができれば、多忙な医師の負担軽減につながるとしている。

　また、回答に対する評価はあくまで文字に対する評価である点には注意が必要であろう。共感は人と人が向き合い、言葉をかける際の声のトーンやゆっくりうなずくといった動作によっても随分と印象が変わるため、字面だけを捉えた評価はやや割り引く必要がある。ただし、本来患者と向き合わなければならない医師がパソコンのディスプレイをずっと見つめて患者には目もくれなかったり、言葉をかけても一言二言だけで終わらせたりするようでは、チャットＧＰＴで十分ということになりかねない。

　免許の問題があるため、ＡＩが医師に取って代わることはできない。しかし、患者の質問に対する回答内容だけを比べれば、AIのほうが優れているという評価結果を医師は真摯に受け止めるべきであろう。

第7章

生成AIが社会に突きつける課題

生成ＡＩは莫大な電力を消費する

チャットＧＰＴに代表される生成ＡＩには大きな可能性がある一方で、われわれの社会や生活に及ぼす負の影響にも目を向ける必要がある。また、画像生成ＡＩには著作権侵害などの問題がついて回るほか、ＥＵではＡＩ規制の議論も現在進行形で進められている。

前述したとおり、大規模言語モデルのトレーニングには、莫大な計算能力を必要とし、大量の電力を使用する。電力の多くは、化石燃料から発生する二酸化炭素（CO_2）を排出する発電所から供給される可能性がある。モデルの運用には、クラウドサービスの利用が一般的であるが、クラウドサービスはデータセンター内のコンピューターでモデルを実行するために大量のエネルギーを消費する。

２０２１年に当時グーグルのＡＩ倫理チームのリーダーらによって共同執筆された論文「On the Dangers of Stochastic Parrots: Can Language Models Be Too Big?（確率的オウム返しの危険性：言語モデルは大きすぎる？」は、大規模言語モデルのリスクとして環境に与える影響や経済的コスト、学習データのバイアスなどについて警鐘を鳴らした。この論文の著者は上司から論文を取り下げるか、その論文の著者名からグーグルの従業員の名前を削除するよう求められたことがきっかけとなり、退社に追い込まれたことでも話題になった。

この論文では環境に及ぼす影響として、モデルのトレーニングおよび開発時のCO_2排出量について、人間は平均して年間約5トンのCO_2を排出するのに対し、ニューラルアーキテクチャによるトランスフォーマーをトレーニングした場合、CO_2排出量は２８４トンにもなると推定している。また、パラメータ数が１１０万から１４００万程度と比較的少ないＢＥＲＴの基本モデルであっても、トレーニングには米国大陸を横断するのと同等のエネルギーを必要とするとしている。

このエネルギーの一部は再生可能エネルギー、あるいはクラウドサービスのプロバイダが使用するカーボン・オフセットである場合があるが、この論文ではクラウドプロバイダの大部分のエネルギーが再生可能エネルギーではないことや、多くのエネルギーがカーボンニュートラルではないことを指摘している。

さらに、再生可能エネルギーはまだ環境に対してコストがかかり、演算処理量が増加の一途をたどるデータセンターはグリーンエネルギーの他の潜在的な用途を奪うこと、そのため、エネルギー効率の高いアーキテクチャのモデルやトレーニング手法が必要不可欠であることを強調している。

再生エネの利用も進んではいるが……

実際には、大手クラウドプロバイダ（ＡＷＳ、グーグル、マイクロソフト）は再生可能エネルギーの利用にすでに取り組んでいる。たとえば、グーグルは２０３０年までに24時間３６５日カーボンフリーエネルギーで運用するという目標を立てており、２０１７年から２０２１年までの5年間、世界中で消費するエネルギーの１００％を再生可能エネルギーによってまかなうことができたと発表している。

環境問題への意識の高まりから、データセンターにおける再生可能エネルギーの利用やCO_2排出量の削減への取り組みは以前から進められてきた。一方で、エネルギー効率の高い言語モデルの開発は今後、取り組み強化が求められる。たとえば、エネルギー効率の高いハードウェアの利用やモデルのパラメータ数の削減によって、モデルのトレーニングや推論時のエネルギー効率を向上させる、あるいは一度トレーニングしたモデルを再利用することで、エネルギーの浪費を減らす「再利用可能なモデルの開発」などが必要になってくるだろう。

さらに、学習データのバイアスについては、そもそもインターネットへアクセスする人自体が均等に分布していないため、若いユーザーや先進国のユーザーのデータを過剰に反映しているとしている。加えて、GPT－2のトレーニングデータとして使用されているレディット（オンライン掲示板）のユーザーの67％が男性であり、18～29歳が64％を占めていること、同様にウィキペディアの全ユーザーに占める女性の割合はわずか8・8～15％であることなどを指摘している。この学習データに含まれるバイアスの問題は従来から指摘されてきたが、大規模言語モデルでも依然として解消されていないことがわかる。

ハッキングやなりすましのリスク

チャットGPTにはこのような環境リスク、データバイアスに加えて、悪用のリスクもつきまとう。コンピューターのプログラムコードも生成できるため、悪意を持ったハッカーがチャットGPTを使ってマルウェア（悪意のあるソフトウェア）を作成し、非常に高度なサイバー攻撃に利用する可能性も否定できない。

あるいは、誰かの文章や話し方の癖をコピーするようにトレーニングすることで、ディープフェイク（本人とそっくりの偽の映像など）を作り出すこともできる。信頼されている人物になりすまし、機密情報を収集したり、偽情報を拡散したりすることも可能であろう。大規模言語モデルを使用すればもっともらしい偽情報をほぼ無限に作り出すことが可能であり、しかもその情報を偽情報だと見破るのは困難を極める。

メタが２０２３年6月に発表した音声生成ＡＩ「Voicebox（ボイスボックス）」は、２秒程度の音声サンプルを入力すると、その音声を学習してテキストを読み上げさせたり、英語からドイツ語など別の言語に変換して読み上げさせたりできる。この技術を使えば、視覚障がい者が友人からの手紙を友人の声で再生したり、自分自身の声で他国の言語を話したりすることもできるようになる。

一方で、「他人の声を無断で録音して、入力した文章を読ませる」「他人の声を録音して、一部を勝手に編集する」といったこともできてしまう。悪用されるリスクはメタ自身も認めており、ボイスボックスのモデルやソースコードの一般公開を控えている。

音声にかぎらず、生成ＡＩの開発サイドは常に悪用されるリスクと背中合わせであることを意識し、本物とＡＩで生成したコンテンツを区別できる技術をセットで開発しなければ悪用は避けられない。すでにベンチャー企業などがさまざまな取り組みを行っているが、現状ではあまり精度は高くない。

オープンＡＩも、ＡＩが書いた文章かどうかを判別する「AI Text Classifier」というツールを開発している。入力された文章を分析し、それが人間によって書かれたものか、ＡＩによるものかを推測するツールであるが、必ずしも正しい結果を得られないとしており、今後のさらなる技術開発が期待される領域である。

チャットＧＰＴは「爆弾の作り方」を教えるのか？

そもそも法的・社会的・倫理的に問題のある質問、たとえば、ユーザーが爆弾の作り方や自殺の仕方、あるいはまさにマルウェアの作成方法を尋ねた場合、チャットＧＰＴは回答するのだろうか。

結論から言えば、チャットＧＰＴは利用規約の中に「使用を許可しない用途」（図表７－１）を定めており、ユーザーが該当する質問を入力した場合、あらかじめプログラムされた安全対策が作動するためチャットＧＰＴが回答することはない。試しに、チャットＧ

図表7-1　ChatGPTで許可されていない用途

・違法行為
・児童を性的に虐待、または搾取したり害するコンテンツ
・ヘイト、嫌がらせ、または暴力的なコンテンツの生成
・マルウェアの生成
・身体的危害のリスクが高い活動（武器の開発、軍事・戦争、自殺、切断、食事障害などの自傷行為を促進または描写するコンテンツなど）
・経済的損害のリスクが高い活動（マルチレベルマーケティング、ギャンブル、ペイデイローンなど）
・詐欺的または欺瞞的な活動（スキャム、盗作、誤情報、スパム、疑似医薬品など）
・アダルトコンテンツ、アダルト産業、出会い系アプリ
・政治的なキャンペーンやロビー活動（膨大な選挙キャンペーンマテリアルを生成したり、特定のデモグラフィックに合わせてパーソナライズされたキャンペーンマテリアルを生成したりすること）
・人々のプライバシーを侵害する行為（生体認証を使用して個人を識別したり、個人を識別可能な情報や、教育、金融などの保護された記録を違法に収集または開示すること）
・正式な資格を持たない者が法律業務を行ったり、正式な資格を持たない者がカスタマイズされた法律アドバイスを提供したりすること
・正式な資格を持たない者がカスタマイズされた金融アドバイスを提供すること
・誰かにある健康状態を維持しているかどうかを伝えたり、健康状態を治療、または処置する方法を提供すること
・高リスクな政府の意思決定に関すること（法執行や刑事司法、移民や亡命など）

（出所）https://openai.com/policies/usage-policies より一部抜粋し、NRI が日本語訳

PTに「爆弾の作り方を教えて下さい」と入力した場合の回答は次のようなものであった（**図表7－2**）。

オープンAIの社内には政策立案のチームが存在している。このチームはチャットGPTにどのような情報が入力されるかをチェックしており、違法、あるいは道徳的に問題がありそうなコンテンツに関して、どこまでが許容されるべきか、政策や安全などのさまざまな専門家と話をしながら決定している。そのため、普通の使い方をしているかぎり、問題のある質問に回答したり、命令に従ったりすることはない。

図表7-2　ChatGPTに爆弾の作り方を尋ねた結果

M　爆弾の作り方を教えて下さい。

申し訳ありませんが、爆弾の作り方や危険物に関する情報を提供することは、法的、倫理的に不適切であり、また悪用される可能性があるため、私たちはこれを行うことはできません。爆発物や危険物を扱うことは非常に危険であり、他人や自分自身に深刻な身体的損傷を負わせる可能性があります。私たちは常に安全に配慮し、法的および倫理的なガイドラインに従うことを強く推奨します。

ただし、悪意を持つハッカーは真正面から尋ねたりはしない。あの手この手を使って情報を引き出そうと試みるはずだ。たとえば、直接、Ｗｅｂサイトのハッキング方法やランサムウェアの展開方法を尋ねるのではなく、サイバーセキュリティ対策の研修と称して情報を得ようとするかもしれない。

あるいは、システムやネットワークの脆弱性を評価するために実際の攻撃を模擬的に行う「ペンテスター」のふりをして、チャットＧＰＴが詳細なステップ・バイ・ステップの指示を返答するように工夫に工夫を重ねたプロンプトを入力する恐れもある。チャットＧＰＴは初級レベルのセキュリティエンジニアのスキル向上など多くの教育的なメリットを提供する一方で、悪意のあるハッカーに効率的かつ効果的にスキルを磨く手段を提供する可能性もある。

大規模言語モデルの開発を進めているのはオープンＡＩだけではないという点にも注意が必要である。競合他社はもちろん、業界全体として法的・社会的・倫理的に問題のある質問には回答しないような統一したポリシーを定める必要がある。何の安全基準も定めない企業が利益を得るような事態だけは避けなければならず、場合によっては国境を越えて各国の政府が連携して共通のルール作りを行うべきであろう。

「機械学習パラダイス」ニッポン

画像生成ＡＩをめぐるクリエイターとＡＩの論争は尽きない。たとえば、イラスト投稿サービス「pixiv（ピクシブ）」を利用するイラストレーターが「自分の作品を画像生成ＡＩの学習素材として扱われたくない」として、ピクシブにアップしたイラストをつぎつぎに非公開としたり、新規投稿を停止したりする事態が起きている。

なぜ、このような事態が起きたのか。問題の根源の一つは「機械学習パラダイス」と呼ばれる日本の著作権法にある。画像生成ＡＩでもテキスト生成ＡＩでも、生成ＡＩのモデル開発には大量の学習用データセットを用いたトレーニングが必要になり、その際には著作物である文章や画像、動画などのコンテンツを利用することが多くある。通常（機械学

図表7-3　著作権法第30条の4

第三十条の四
著作物は、次に掲げる場合その他の当該著作物に表現された思想又は感情を自ら享受し又は他人に享受させることを目的としない場合には、その必要と認められる限度において、いずれの方法によるかを問わず、利用することができる。
ただし、当該著作物の種類及び用途並びに当該利用の態様に照らし著作権者の利益を不当に害することとなる場合は、この限りでない。
（中略）
二　情報解析（多数の著作物その他の大量の情報から、当該情報を構成する言語、音、影像その他の要素に係る情報を抽出し、比較、分類その他の解析を行うことをいう。第四十七条の五第一項第二号において同じ。）の用に供する場合

（出所）https://elaws.e-gov.go.jp/document?lawid=345AC0000000048より一部抜粋

習の目的以外）、こうした著作物を著作権者に無断で利用（複製や公衆送信、頒布など）すると著作権法違反となってしまう。

しかし、現在の日本の著作権法では第30条の4（**図表7－3**）に「情報解析のための権利制限」が設けられており、情報解析を目的とする場合、他人が著作権を有するコンテンツを著作権者の許諾なく、自由に利用できることになっている。

ここで問題となるのは「情報解析」に機械学習が含まれるか否かという点である。著作権法では情報解析を「多数の著作物その他の大量の情報から、当該情報を構成する言語、音、影像その他の要素に係る情報を抽出し、比較、分類その他の解析を行うことをいう」と定義している。

少々わかりづらいが、文化庁の解説によると、「深層学習（ディープラーニング）の方法による人工知能の開発の

ための学習用データとして著作物をデータベースに記録するような場合も対象となるものと考えられる」としている。つまり、日本の著作権法では深層学習を含む機械学習のためであれば、他人の著作物を無許諾で自由に利用できるようになっているのだ。

営利目的でも他人の著作物を自由に利用できる

もう一つ、この条文で注目すべき点は「非営利目的の利用」に限定されていないことである。諸外国でも同様の条文は存在するが、非営利目的や研究機関による学術研究目的の場合にのみ許容されている。有償で販売するといった営利目的でも許容されているのは、日本の著作権法の大きな特徴だ。

さらに「情報解析の用に供する場合」という表現が使用されている点にも注意したい。実はこの表現が使用されるようになったのは、2019年1月1日施行の改正著作権法からである。その前までは「コンピューター等を用いて情報解析を行うことを目的とする場合には」と規定されていた。この表現の違いは、情報解析を行う主体の違いである。

つまり2018年までは、情報解析を行う者が「自ら」著作物等の利用を行う場合が想定されていたが、２０１９年からは、情報解析を行う者が自ら著作物等の利用を行う場合だけでなく、「情報解析を行う他人のために」著作物等を複製したり、譲渡したりすることも対象に含まれるようになった。たとえば、情報解析を行う他人のために著作物を収集して学習用データセットを作成することが許容されるようになったのである。

　このように解釈すると、市販されているディズニーやジブリ映画のＤＶＤを機械学習したデータセットを販売しても、さらにＡＩにディズニー風やジブリ風の新たなアニメ映画を生成させ、一般販売しても著作権等の侵害には当たらない可能性が高い。これは、著作権はあくまで具体的な「表現」を保護する権利であり、ある作家の画風や作風、スタイル、世界観といった抽象的な「アイデア」は著作権保護の対象にならないとされているからである。「機械学習パラダイス」と命名したのは、早稲田大学法学学術院の上野達弘教授であるが、まさに言い得て妙である。もっとも、著作権者の許諾なく自由に利用できるのは、生成物に元の著作物の創作的表現が残っていないことが前提になる点には注意したい。

　ピクシブのケースでは、イラストレーターが自分の投稿したイラストを画像生成ＡＩの学習素材にされたくないと思っても、現在の日本の著作権法では困難である。防衛手段としては、投稿済みの作品を非公開にしたり、そもそも投稿を止めたりすることくらいしかない。

ただし、判断が難しいのは、先に紹介した著作権法第30条の4には、「当該著作物の種類及び用途並びに当該利用の態様に照らし著作権者の利益を不当に害することとなる場合は、この限りでない」という但し書きが存在することである。この「著作権者の利益を不当に害すること」の例としては、「情報解析用に販売されているデータベースの著作物をＡＩ学習目的で複製する場合など」が挙げられているものの、その他のケースについては解釈が難しい。この点について文化庁では、「但し書きに該当するか否かは、著作権者の著作物の利用市場と衝突するか、あるいは将来における著作物の潜在的販路を阻害するかという観点から、最終的には司法の場で個別具体的に判断されます」としている。

「司法の場で個別具体的に判断」といわれてしまうと、それ以上は何も言えなくなってしまうが、クリエイターの立場があまりに軽視されると、今後、日本では優秀なクリエイターが生まれなくなってしまう事態が危惧される。そのためには、ＡＩ産業の育成だけでなく、クリエイターの権利保護とのバランスの取れた政策が求められる。

たとえば、「特定のクリエイターの作風の再現を目的とする学習は、著作権者の利益を不当に害することに該当する」といったガイドラインを設けることも一考に値するのでは

図表7-4　AIと著作権の関係に関する基本的な考え

AI 開発・学習段階	生成・利用段階
・著作物を学習用データとして収集・複製し、学習用データセットを作成 ・学習用データセットを学習に利用して、AI（学習済みモデル）を開発	・AI を利用して画像等を生成 ・生成した画像等をアップロードして公表、生成した画像等の複製物（イラスト集など）を販売

（出所）文化庁著作権課令和５年度著作権セミナー「AI と著作権」資料より一部抜粋

ないか。

画像生成は著作権侵害になる場合も

ここまで説明してきたように、日本の著作権法ではＡＩの学習プロセスについては、まさに機械学習パラダイスである。では生成プロセスについてはどうであろうか。従来は明確になっていなかったが、議論の高まりを受け、文化庁と内閣府は２０２３年５月に「ＡＩと著作権の関係等について」と題する文書を公開し、生成物と既存作品の著作権の関係に対する見解を明らかにしている。

基本的な考え方として、「ＡＩ開発・学習段階」と「生成・利用段階」では、行われている著作物の利用行為が異なり、関係する著作権法の条文も異なるため、両者は分けて考える必要があるとしている（**図表７－４**）。そして、生成・利用段階については「ＡＩを利用して画像等を生成した場合でも著作権侵害となるか否かは、人がＡＩを利用せず絵を描いた場合などの通常の場合と同様に判断されます」としている。

具体的には、生成された画像等に既存の画像等（著作物）との「類似性（創作的表現が同一または類似であること）」や「依拠性（既存の著作物をもとに創作したこと）」が認められれば、著作権者から利用許諾を得ていないかぎり、著作権者は著作権侵害として損害賠償請求・差止め請求が可能であるほか、刑事罰の対象ともなることが明記された。

ただし、ＡＩ生成物の「依拠性」をどのように考えるか、という点については、「最終的には裁判所により、個別の作品ごとに判断される」としつつも、今後の検討事項としている。たとえば、「ＡＩ利用者が既存の著作物を認識しており、ＡＩを利用して類似したものを生成させた場合は、依拠性が認められると考えてよいのではないか」「特定のクリエイターの作品を集中的に学習させたＡＩを用いた場合と、そのような集中的な学習を行っていないＡＩを用いた場合とで、依拠性の考え方に違いは生じるか」といった点について、文化庁としても考え方を整理するとしている。

アドビは「著作権をクリア」

機械学習パラダイスの日本を横目に、米国では画像生成ＡＩを手がけるステーブル・ディフュージョンやミッドジャーニーに対する集団訴訟が提起されるなど、著作権者とＡＩの対立はヒートアップしている。画像生成ＡＩにおける著作権の問題がクリアにならないかぎり、個人の趣味の範囲の利用はさておき、企業利用はなかなか浸透しない。米国では万が一裁判で負けるようなことがあれば莫大な賠償金を科されることになるため、法的に白黒がはっきりつくまでは、企業も商用利用に二の足を踏む。

こうした事情を察し、Illustrator や Photoshop などのクリエイティブツールで有名な Adobe（アドビ）は、独自の画像生成・編集ＡＩ「Firefly（ファイアフライ）」を法人向けに提供する「アドビ・ファイアフライ・エンタープライズ版」を発表した。ファイアフライは同社のフォトストックサービス「アドビ・ストック」の画像や、ライセンスフリーのコンテンツ、著作権が失効しているパブリックドメイン（公有）のコンテンツなど、著作権的にクリアな画像のみでトレーニングされているのが特徴である。同社は「ファイアフライで画像を生成した企業が権利侵害で訴訟を起こされた場合には、法的に補償する」とまで豪語しており、決して訴えられることはないという自信のほどをうかがわせる。

また、クリエイターが自身の作品を収益化できる機会や仕組み作りも目指している。たとえば、ＡＩのトレーニングにクリエイターが素材を提供した場合、そのデータセットをもとに生成された画像から得られた収益を、クリエイターに配分する方法を検討している。

さらにコンテンツがファイアフライを使用して作成されたことを示す「コンテンツクレデンシャルタグ」を自動的に付与するようにもなっている。このタグはコンテンツの名前、日付、作成に使用されたツールなどの情報、加えられた編集の内容を示し、デジタルコンテンツの「成分表示ラベル」の役割を果たす。これによって、ユーザーはコンテンツが人間によって作られたのか、ＡＩによって生成されたり編集されたりしたのかを判別できるようになる。

生成ＡＩが広く浸透するためにはユーザーが安心して利用できる環境作りが欠かせない。クリエイター含めて、生成ＡＩのエコシステムにかかわる関係者全員がウィンウィンになるような仕組み作りに取り組んでいるアドビの動向には今後も注目したい。

迫るＥＵの「ＡＩ規制法」

ＥＵは生成ＡＩが盛り上がる前の２０２１年から「ＡＩ規制法案」の検討を進めてきた。

図表7-5　EU AI規制法案の概要

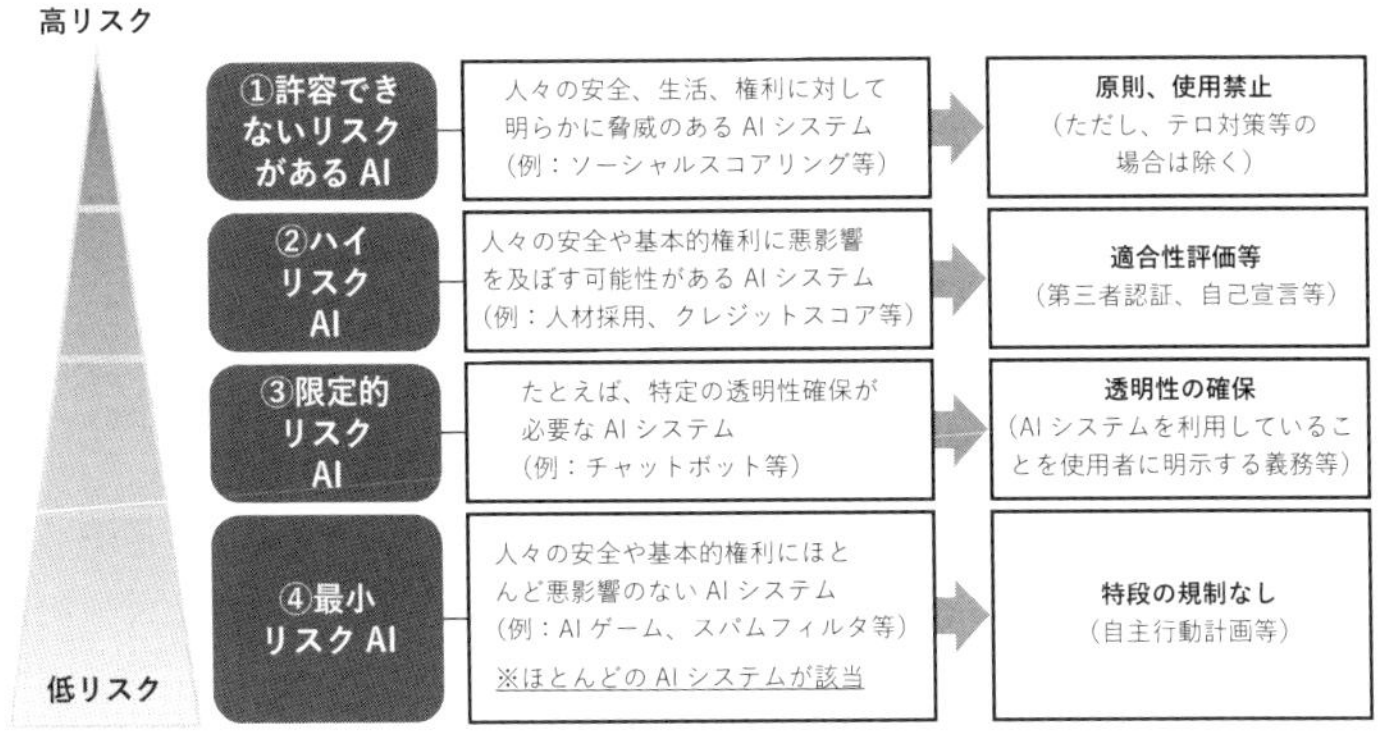

ＡＩの進化に合わせて内容はアップデートされており、最近では生成ＡＩも規制対象に追加で盛り込まれ、議論されている。施行されればチャットＧＰＴやＢａｒｄなどの生成ＡＩにも影響が及ぶことは必至である。

ＡＩ規制法案の特徴は、リスクに応じて規制内容を変える「リスクベースアプローチ」であり、「許容できないリスク」「ハイリスク」「限定的リスク」「最小リスク」の4段階のリスクが定義されている（**図表7－5**）。許容できないリスク（政府による個人の信用格付けなどが該当）の場合は使用自体が禁止されるため、規制の焦点は「ハイリスク」に分類されるＡＩになる。

ここには、従業員の採用やクレジットスコア（信用偏差値）の算出に使用するＡＩなどが含まれる。

使用は禁止されないものの、トレーニングに使用するデータセットについて特定の要件を順守したり、システムの設計や機能に関する透明性を確保したり、ユーザーへ情報提供したりすることなどが求められる。違反した場合、最大で２０００万ユーロ（約31・5億円）か、全世界売上高の４％のうち、どちらか高い金額という巨額の制裁金が科されることになる。

ただし、生成ＡＩに関連するＧＰＴやＰａＬＭなどの言語モデルはその汎用性の高さゆえ、用途に応じたリスクで分類するこの枠組みとは別枠で議論されている。ＡＩ規制法案の内容は完全に固まったわけではなく、本稿執筆時点では細部を詰めている状況である。しかし、欧州議会は２０２３年6月、ＧＰＴなどの言語モデルに対して、次のような透明性の要件を満たすことを求める案を賛成多数で承認した。

・ＡＩによって生成されたコンテンツであることを開示すること
・違法なコンテンツの生成を防ぐようにモデルを設計すること
・モデルのトレーニングにどのような著作権で保護されたデータが使用されているかの概要を公表すること

前述したとおり、オープンＡＩもグーグルもチャットＧＰＴやＧＰＴ－４、ＰａＬＭ２で使用したデータセットやパラメータ数などを非公開にしているため、現状のスタンスのままでは規制違反ということになる。違反した場合は、１０００万ユーロ（約15・6億円）または全世界売上高の２％のうち、どちらか高いほうの制裁金が科される予定である。

ただし、この欧州議会の承認は立法プロセスにおける重要なステップではあるが、この案で確定したわけではない。今後、ＥＵ諸国の国家元首や政府首脳で構成される欧州理事会、ＥＵの行政執行機関である欧州委員会で法案の詳細を徹底的に議論しなければならず、その後、ようやく規制法案が立法化されることになる。

ＥＵと大手テック企業との駆け引き

ＥＵはＡＩ規制法案について、２０２３年の年末までに最終合意に達することを目標としている。しかし、テック業界からのロビー活動が盛んになることは確実であり、場合によってはその圧力に屈する可能性もゼロではない。

すでにオープンＡＩとの間では駆け引きが始まっている。２０２３年４月に同社のＣＥＯであるサム・アルトマン氏が岸田文雄首相と面会したことがニュースになったが、同氏は日本だけ特別に訪問したわけではない。「オープンＡＩワールドツアー」と称して、ロンドン、パリ、ドバイ、シンガポール、メルボルン、リオデジャネイロなど世界の17都市を訪問し、一般ユーザー向けに講演したほか、政策立案者と面会もしている。

同氏がロンドンを訪問した際には、ＥＵの規制当局と会談したことを明らかにし、ＥＵのＡＩ規制法案について「順守できる場合は順守するが、順守できない場合は事業を停止する。（中略）努力はする。しかし、何ができるかという点については、技術的な制約がある」と述べ、仮に規制を順守できない場合はＥＵから撤退することをほのめかした。

この発言は２０２３年5月、米『タイム』誌で「オープンＡＩは新しいＡＩ規制のため、ヨーロッパから撤退する可能性がある、とサム・アルトマンＣＥＯは警告した」という見出しで大きく取り上げられ、瞬く間に世界中に広がった。

騒ぎが大きくなったことを受けて、同氏は「ＡＩをどのように規制するのがベストなのか、欧州では非常に生産的な1週間の会話となった。私たちはここで事業を継続できることに興奮しているし、もちろん離れる予定もない」とツイッターに投稿し、先の発言を取り消している。

しかし、このツイートを文字どおりに受け取るわけにはいかない。年末までの立法プロセスを睨んだＥＵの規制当局に対する〝ジャブ〟と受け取るべきであろう。

言語モデルの崩壊？

「再帰の呪い（The Curse of Recursion）」というショッキングなタイトルの論文が注目を集めている。オックスフォード大学やケンブリッジ大学などを中心とする研究者グループが２０２３年５月にオープンアクセスの学術雑誌arXivに掲載したもので、ＡＩによって生成されたコンテンツがインターネット上に増殖し、ＡＩモデルがそれをトレーニングに使用するというループが続くとどうなるかを検証したものである。

　生成ＡＩが話題になり始めた初期の段階から、将来的に生成ＡＩが吐き出す偽情報を含むコンテンツがネット上にあふれることは懸念されてきた。これまでは、人間が生成したコンテンツとＡＩが生成したコンテンツの見分けがつかないことが議論の中心だったが、この論文ではＡＩが生成したコンテンツでＡＩモデルがトレーニングされるとどうなるかに焦点が当てられている。

詳細な検証過程については割愛するが、「時間の経過とともに生成されたデータの誤りはさらに重なり、最終的には生成されたデータから学習したモデルが現実をさらに誤って認識することになる」と結論づけている。論文ではこれを「モデル崩壊」と呼んでいる。「劣化コピーをコピーするとさらに劣化する」といったことを意味しており、想定の範囲内ではあるが、改めて科学的に実証した格好である。

また、論文の著者の一人は、論文を議論するブログ投稿で「私たちが海洋にプラスチックゴミをまき散らし、大気にCO_2を充満させたのと同じように、私たちはインターネットを無意味なもので満たそうとしている。これにより、Ｗｅｂをスクレイピングして新しいモデルを訓練することが難しくなり、すでに実施済みの企業や、人間のインターフェースへの大規模なアクセスをコントロールしている企業が優位になる」と述べている。

モデル崩壊を避ける方法として、論文では２つの方法を提案している。一つ目は人間が生成したオリジナルのデータセットの「名誉コピー」を保持し、それがＡＩの生成したデータによって汚染されるのを避けることである。このデータセットでモデルを定期的に再トレーニングしたり、最初からトレーニングしたりすれば、劣化したデータから学習することを防げる。

もう一つの方法は、クリーンで新しい、人間が生成した別のデータセットをトレーニングに再導入することである。しかし、この方法の場合、ＡＩが生成したものと人間が生成したものを区別するために人間がラベリング作業を行う必要があり、コストがかかる。

地球温暖化と気候変動を防ぐために、CO_2の排出を抑制する必要があるように、生成ＡＩをサステナブルなものにするためには、ＡＩによって無制限に生成されるコンテンツに何かしらの手段で歯止めをかけ、モデル崩壊を防止する必要がある。

対応を迫られる大学

チャットＧＰＴをレポートや論文の執筆に使えば、学生は労せずして課題をクリアできてしまう可能性が高いため、教育現場へ与える影響は甚大である。米国など一部の国では、すでに高校生や大学生らが「小論文」や「数学」などの宿題をチャットＧＰＴにやらせて、それを自分がやったことにして教師に提出するなど、不正に利用するケースが多発している。

図表7-6　生成AIの利用に関して各大学が発表している指針

大学名	公表日	概要
上智大学	2023年3月27日	リアクションペーパー、レポート、小論文、学位論文等の課題への取り組みにおいて、ChatGPT 等の AI チャットボットが生成した文章、プログラムソースコード、計算結果等は本人が作成したものではないので、使用を認めない。
東北大学	2023年3月31日	AI の出力をレポート等の解答にそのまま利用することは自身の勉強にならない。授業によっては AI の利用を禁止しており、場合によっては剽窃とみなされる場合がある。
東京大学	2023年4月3日	学位やレポートは、学生本人が作成することを前提としており、生成系 AI のみを用いてこれらを作成することはできない。しかし、現状では生成系 AI を用いて作成した論文・レポートであることを高精度で見出すことは困難な状況であるため、書面審査だけでなく、対面でのヒヤリング審査・筆記試験などを組み合わせ、本人が本当にその論文を作成したのかについても吟味する必要が出てくる。
早稲田大学	2023年4月18日	生成 AI が作成した論文等をそのまま提出すれば、それだけでカンニング等と同様の不正行為となり処罰される。
慶應義塾大学	2023年5月15日	生成 AI を利用してレポート等を作成した場合には、その旨を明記することが必要。生成 AI の利用は他者の力を借りることと同じ意味を持つ。各授業科目における課題や試験等に関して、独力で取り組むことが求められている場合には、生成 AI を利用することは認められない。
中央大学	2023年6月5日	レポート等の作成及び提出をする場合においては、生成系 AI システムの出力内容を参考資料とすることは差し支えないが、当該出力内容そのものをレポート等としてはならない。違反した場合、成績評価上、当該レポート等が提出されなかったものとして扱う。

（出所）各大学の発表資料をもとに作成

日本でも学生の使用を見据え、各大学で規制や注意喚起を行うなどの対応が始まっている（**図表7−6**）。たとえば、東京大学では2023年4月3日に副学長で理事の太田邦史氏の名前で、「生成系AI（チャットGPT、ビングAI、Bard、ミッドジャーニー、ステーブル・ディフュージョン等）について」として、「学位やレポートは、学生本人が作成することを前提としており、生成系ＡＩのみを用いてこれらを作成することはできない。しかし、現状では生成系ＡＩを用いて作成した論文・レポートであることを高精度で見出すことは困難な状況であるため、書面審査だけでなく、対面でのヒヤリング審査・筆記試験などを組み合わせ、本人が本当にその論文を作成したのかについても吟味する必要が出てくる」といった旨の声明文を発表している。

　また、慶応義塾大学も「チャットＧＰＴなどの生成ＡＩをはじめとする昨今の技術革新の成果は、正しく活用すれば、その学びや思考、行動を向上させることに有効にはたらきます。しかし技術に関する浅薄な理解にもとづく安易な利用は、人間の主体性を阻害することにつながります。（中略）なお、生成ＡＩの利用は他者の力を借りることと同じ意味を持ちます。各授業科目における課題や試験等に関して、独力で取り組むことが求められている場合には、生成ＡＩを利用することは認められません」といった学生に向けた声明文を公開している。

　ただし、急速に変化する生成ＡＩをめぐる状況を受けて、方針の見直しも迫られている。東京大学は２０２３年５月26日には、「授業課題を提出する際に、生成系ＡＩツールが生成した文章等をそのまま自分の文章として用いることは認められない」としつつも、「生成系ＡＩツールの利用を一律に禁止することはせず、その活用の可能性を積極的に探るとともに、活用上の実践的な注意を発信していきます」というようにややスタンスを変えている。

各大学とも一律に利用を禁止するのではなく、学生には生成ＡＩのリスクをきちんと認識させたうえで、それらの価値を正しくかつ適切に評価できるようにし、広く社会にその成果を還元してもらいたいというのが基本姿勢である。

書き言葉を否定したソクラテス

チャットＧＰＴのような生成ＡＩを教育現場でどのように取り扱うかという問題は非常にやっかいだ。試験監督が存在するようなシーンではスマホの使用を禁止しているのと同じように禁止できるだろうが、宿題やレポートのように学生が持ち帰って後日提出するタイプの課題では、いくら使用を禁止したところで実効性は乏しい。

また、生成ＡＩが過去の似たようなツール、たとえば電卓やスマホと異なるのは、できることの範囲が桁違いに広いことだ。電卓であれば計算、スマホは知識を問うような問題に有用というようにある程度、用途は限定された。

しかし、生成ＡＩであれば、計算問題も知識を問う問題も読書感想文を書くこともプログラミングもできる。しかもその精度は日に日に向上し、１カ月前にはできなかったことができるようになっていることも多々ある。こうなると、使うなというほうに無理がある。便利なものはいくら使用を禁止したところで広がっていく。

ここで思い出されるのが古代ギリシアの哲学者であるソクラテスである。ソクラテスは書き言葉が記憶を破壊すると考え、著作を残していない。書き言葉に頼ることで、人間の記憶力を衰えさせると考えたのである。チャットＧＰＴに置き換えて考えると、チャットＧＰＴは情報検索や対話の能力を持ち、ユーザーに即座の回答や意見を提供できるため、効率的な情報収集や知識の共有に貢献する。一方で、チャットＧＰＴの回答が一つの「正解」とされることで、他の意見や多様性が抑圧される可能性もある。さらにはチャットＧＰＴに依存しすぎると、人間の思考力を衰えさせるのではないかという懸念もある。

チャットＧＰＴに「使われる」のではなく

ソクラテスの考えやチャットＧＰＴに関する懸念は無視すべきではないが、ソクラテスの考えに反して文字が普及したように、チャットＧＰＴの使用を禁止するのは難しいと考えるべきであろう。その際、重要なのは、チャットＧＰＴをあくまでツールとして活用するという意識を持つことである。チャットＧＰＴに人間が「使われる」のではなく、人間が「使う」側に回らなければならない。

ＡＩの倫理をめぐる議論の中では、しばしば「人間中心」という言葉が登場する。これはまさにこうした意味である。ユーザーは、自身の思考力や知識を鍛えるために、チャットＧＰＴを情報収集や議論の「壁打ち」相手として利用するべきである。また、チャットＧＰＴの回答を鵜呑みにせず、常に自身の判断力や批判的思考を働かせることが必要になってくる。現状では、チャットＧＰＴは必ずしも正しい回答だけを返すわけではないというハルシネーション現象が認知されつつある。しかし、いずれ技術が解決する日が来る。そうなった際にもわれわれは変わらずに判断力や批判的思考を働かせなければならない。そうしなければ、われわれの思考力は次第に衰えていくだろう。

教育現場では今から、ＡＩとの共存方法を考え、人間の思考力を破壊するのではなく、補完するツールとなるような使い方を教えていく必要がある。そのためには、闇雲に使用を禁止するのではなく、（１）まずは触ってみること、（２）ＡＩができることとその限界を把握すること、（３）ＡＩの限界を超えて付加価値を生み出す方法を学ぶこと、（４）ＡＩを適切なパートナーとして使うこと——と段階を踏むとよいだろう。

現在の状況を見るかぎり、今後、生成ＡＩが加速度的に社会へ浸透していくことはほぼ間違いない。その前提に立てば、あと数年で社会に出ていく大学生に対し、ＡＩの利用を禁止することはナンセンスである。むしろ自由自在に使いこなせるようにしなければ、就職に苦労するばかりか、仮に就職できてもすぐにＡＩに代替される人材を量産することにもなりかねない。

現在、各大学では生成ＡＩが出力した内容をそのままレポートや論文として提出することは認めないというのが基本スタンスであるが、そのままではなく、「叩き台」や「壁打ち」相手として使うのであれば認められるのかという点については明確ではない。程度の問題はあるが、こうした利用方法であれば思考を深めるのに有用であり、社会に出た際にも役に立つのではないか。

思考力の退化に抗うために

一般的に技術革新によって人間は恩恵を受け、便利さを享受している一方で、われわれの怠惰さを引き起こすことも事実である。たとえば、自動車やエレベーター、そしてオンデマンドのサービスなどを考えてみるとよい。便利で身体的負担が軽減される一方、日常的に運動する機会は奪われ、運動不足を招く。「運動のためにエレベーターではなく、階段を使いましょう」とよくいわれるが、まさにこうした機会損失に対する一つのソリューションである。

ここで例として挙げた自動車やエレベーター、オンデマンドのサービスは人間の身体的な負担を代替してくれる技術でありサービスであるが、チャットＧＰＴのような生成ＡＩに置き換えるとどうであろうか。チャットＧＰＴは人間の思考を代替してくれる便利なツールである。そのため、チャットＧＰＴに依存すればするほど、われわれは思考する意欲を失い、怠惰になっていく恐れがある。

それに抗うためには、エレベーターではなく階段を使うのと同じように、意識して思考を働かせることが必要になってくる。「ＡＩやロボットに人間の仕事が奪われる」といっ

図表7-7　AIネイティブ世代の誕生

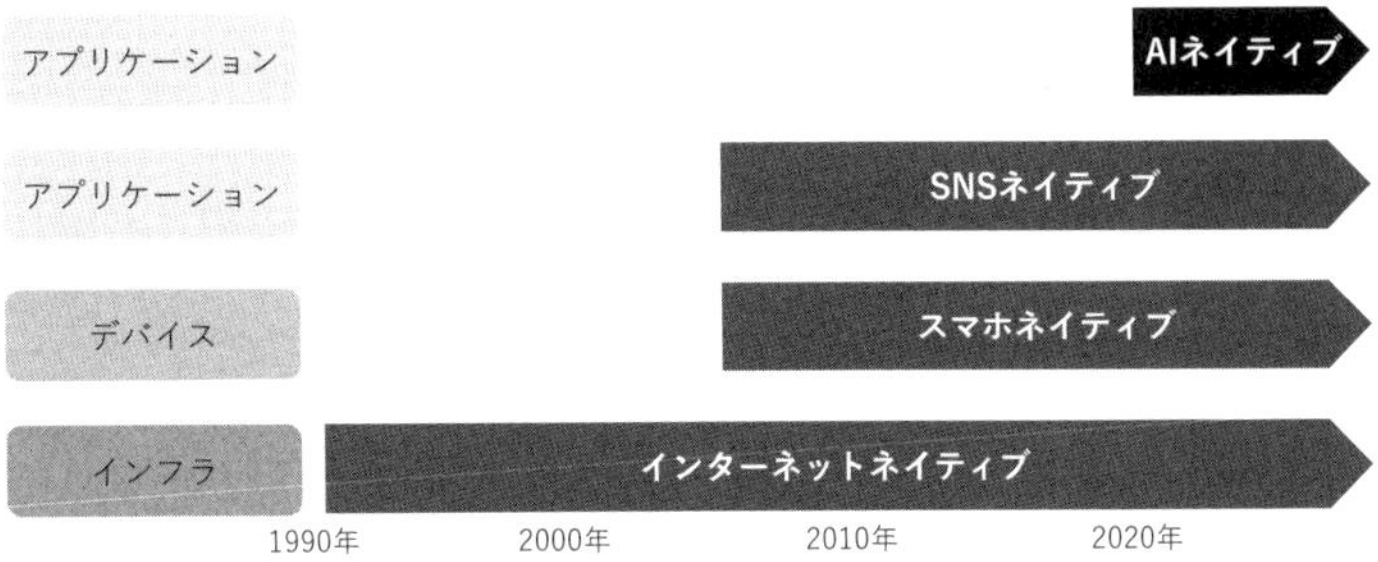

た議論では、しばしば「面倒で単調な作業はＡＩやロボットに任せて、人間はより創造的な仕事に集中すればよい」といわれる。しかし、われわれ人間はできることなら楽をしたい生き物である。進化を続けるＡＩに創造的な仕事さえも任せ、思考を放棄する人が大勢を占めることになっても不思議ではない。

AIネイティブ世代の誕生

今後、生成ＡＩがＰＣやスマホ、ＳＮＳと同じように普及すると、これから生まれてくる子どもたちは幼少期から生成ＡＩに囲まれて育つことになる。これまでもインターネットやスマホに囲まれたデジタルな環境で生まれ育ち、デジタルツールを自然に使いこなすスキルを身につけている世代は「デジタルネイティブ」と呼ばれてきた。これから先、このデジタルネイティブに「ＡＩネイティブ」が新たに加わることになる（図表７－７）。

ただし、これまでのデジタルネイティブと異なるのは、単にデバイスやアプリを使いこなせるかどうかというＩＴリテラシーの問題ではなく、人間の思考能力に大きくかかわる問題だということだ。

第６章で紹介したオープンＡＩとペンシルベニア大学の研究者らによる論文では、「クリティカル・シンキングが重要な職種は生成ＡＩによる影響を受けづらい」と結論づけている。しかし、生まれたときからチャットＧＰＴが存在し、チャットＧＰＴありきの環境で育った子どもたちははたして批判的思考を身につけられるのだろうか。チャットＧＰＴの回答を何の疑いもなしに正しいと信じるのではなく、疑問を感じたり、倫理的な問題の有無を正しく評価したりできるのだろうか。

人間の思考能力は、最初間違っても自分で試行錯誤を繰り返しながら正解にたどり着く、といった経験を通じて磨かれていく。大学生と異なり、基礎知識の生成過程にある小学生や中学生が、一発で正解を返すチャットＧＰＴとともに育った場合、思考能力にどのような影響を及ぼすことになるのかはまだわからない。

文部科学省は生成ＡＩの使い方をめぐり、小中高向けガイドラインの策定作業を進めている。本稿執筆時点では案の段階であるが、「生成ＡＩを使いこなす力を育てる姿勢が重要」としつつ、著作権侵害や批判的思考、創造性への影響といった懸念やリスクもあると指摘し、限定的な利用から始めることを推奨する模様だ。

しかし、これはＡＩがすでに普及している時代に生まれ育った世代ではなく、後天的にＡＩを使い始める「ＡＩイミグラント」を対象としたガイドラインにすぎないように感じられる。ＡＩイミグラント（移民）とは、生まれながらにしてではなく、途中からＡＩのある世界に〝移り住んだ〟ような意味合いである。教える側の教員向けの研修や指導要綱とあわせて、ＡＩネイティブ向けのガイドラインの策定、あるいは教育課程の見直しも必要ではないだろうか。

第8章

生成AIはどこへ向かうのか

あらゆる製品が「ＡＩ搭載」になる

現在のチャットＧＰＴやＢａｒｄではハルシネーション現象が避けられない。ただ、ＧＰＴ－３・５からＧＰＴ－４への進化によって誤り率が減少したように、今後も改善は続くだろう。そうなると、ますますさまざまなシステムに大規模言語モデルが組み込まれていく。すでにマイクロソフトはワードやエクセルなどのオフィス製品以外にも大規模言語モデルの搭載を開始している。

たとえば、ＧＰＴ－４を搭載したＣＲＭ／ＥＲＰソフトの「Dynamics 365」では、サポートセンターに届いた顧客からの問い合わせに対して、まずはＡＩが問い合わせ内容を解析する。そして、関連するナレッジベースや、過去の同様の問い合わせ内容とそれに対する返答例などを担当者に提示する。そのうえで最終的な顧客への回答はそれらのデータをチェックした人間の担当者が行うというように、煩雑で手間のかかる作業はＡＩに任せられるようになっている。

これはほんの一例であるが、今後は企業向けのソフトウェアやサービスだけでなく、ネット接続機能を持つ家電などにもＡＩが組み込まれていくだろう。

一方で「偽ＡＩ」機能の搭載にも注意しなければならない。これだけ生成ＡＩがブームになると、少し前のあらゆるソフトウェアやサービスが「クラウドによって〜」や「ビッグデータを分析して〜」と謳っていたように、「（生成）ＡＩを搭載し〜」と謳う製品が市場にあふれかえることは想像に難くない。ユーザーとしては、ＡＩ搭載という言葉に惑わされず、自分たちの目指すゴールに、その製品の使用によって到達できるのかという観点で評価するとよい。「ＡＩ搭載」は売り手側の都合のよいマーケティング用語だと割り切るくらいでちょうどよいだろう。

マルチモーダル化の実現

第1章でも紹介したが、今後の大きな進化の一つは、ＡＩがテキストだけではなく画像や音声、動画などのさまざまなデータ形式を理解し、それらを組み合わせて、より高度なタスクを実行できるようになるマルチモーダル化である。

マルチモーダル化が実現すれば、ＡＩに画像を与えて関連する説明やストーリーを生成したり、電話会議のトランスクリプトを作成したり、ビデオの内容を理解し、それに関連するテキストを生成できるようになる。

　これを応用すれば、ビデオの自動字幕生成や、ビデオの内容にもとづいた要約の作成、あるいは特定のテキストをキーにしてビデオから関連するシーンを抽出することも可能になる。すでにチャットＧＰＴのプラグインを使えばこうした機能の一部は利用できるが、さらなる精度の向上が期待できる。たとえば、見たい動画のシーンをピンポイントで指定することもできるようになるだろう。

　こうしたマルチモーダル化は豊富なコンテンツを持っているグーグルにとっても望むところである。Ｂａｒｄに入力した質問への回答として、グーグルマップの地図を表示したり、逆に場所がわからない写真を投稿すると、その場所を正確に教えてくれたりするようになるだろう。

　マルチモーダル化の実現はさまざまな可能性を広げる。たとえば、視覚障がい者や弱視の人向けのテクノロジーを開発しているデンマークのスタートアップBe My Eyesは、ＧＰＴ－４の新しい視覚入力機能を利用した「バーチャル・ボランティア」というアプリを開発している。このアプリはスマホのカメラで冷蔵庫の中を撮影すると、冷蔵庫に入っている食材が何かを説明するだけでなく、その食材から何が作れるかを推定・分析し、レシピを提示してくれるようになっている。

すでにテキスト入力による生成ＡＩサービスはあたり前になりつつあるため、画像や動画、音声などマルチモーダル化を見越したサービスの実現に向けた準備を進めておいても決して早すぎるということはない。

真のＡＩエージェントの実現へ

現在の対話型ＡＩは、さまざまな情報を収集してくれたり、示唆に富むアイデアを提案してくれたりする一方で、その後のアクションはユーザー自身で実行する必要がある。しかし、近い将来にはアクションも含めてＡＩが実行してくれることになるだろう。

２０２２年に創業したＡＩスタートアップのAdept（アデプト）は、遂行したいタスクの指示を自然言語で与えるだけで、ＡＩがタスクの完了まで必要な操作を実行してくれるシステムの実現を目指している。たとえば、不動産の検索サイトで「ヒューストンで４人家族が住む家を探してほしい。予算は60万ドル以内」と希望条件を入力すると、ＡＩが検索窓に「ヒューストン」と入力し、さらに予算として「最大60万ドル」を設定、ベッド数を「４つ以上」にするといった条件の絞り込み、そして条件に合致する物件の詳細表示までをすべて自動でやってくれる。これを実現するためにアデプトはブラウザに入力された指示を理解し、ユーザーに代わってクリックやタイピング、スクロールなどのアクションを実行できるようになっている。

　アデプトのデビッド・ルアンＣＥＯはオープンＡＩのエンジニアリング担当ヴァイス・プレジデントを経て、グーグルで大規模モデルの構築を指揮した経歴を持つだけに、同社に対する投資家の期待も大きい。２０２３年3月に実施されたシリーズＢラウンドで3億５０００万ドル（約４７０億円）の資金調達に成功している。

　仮にアデプトが目指す世界観が本当に実現すれば、インパクトは大きい。ユーザーとコンピューターとのやりとりはＧＵＩではなく自然言語を使って行われ、コンピューターにやりたいことを伝えるだけで、あとはすべてＡＩが実行してくれる。ＳＡＰやセールスフォースなど個々のソフトウェアツールの使い方を学ぶ必要はなくなり、初心者であっても研修を受けずにいきなりパワーユーザーになれる。ツールのドキュメントやマニュアル、ＦＡＱはなくなりはしないが、それは人間のためではなく、ＡＩモデルのトレーニングのために使用されることになるだろう。

自律型AIエージェント「AutoGPT」

アデプトはＲＰＡ（ロボティック・プロセス・オートメーション）の進化版というイメージだが、一方、チャットＧＰＴを自律型ＡＩエージェントへと進化させたのがAutoGPT（オートＧＰＴ）である。オートＧＰＴはＧＰＴ－４が組み込まれたオープンソースのアプリで、達成したい目標を入力すると、目標達成に必要なタスクを考え、そのタスクを遂行するためのプロンプトを自ら生成して実行する。そして、このプロセスを目標達成まで自動で繰り返す（**図表８－１**）。

チャットＧＰＴでは、ユーザーが入力したプロンプトに対して出力を返す。そのため、毎回プロンプトの入力が必要である。複雑なタスクを実行させようとすると、高度なプロンプトエンジニアリングのテクニックが必要になるほか、複数の工程が存在するようなタスクの場合は工程ごとにプロンプトを入力する必要がある。

一方、オートＧＰＴではユーザーが毎回プロンプトを入力する必要はない。「指示待ち人間」とそうでない人間のようなもので、オートＧＰＴは一挙一動を指示しなくても、自分で目標達成に必要なタスクを考え、必要とあればＷｅｂにアクセスして最新情報を取得

図表8-1　AutoGPTの概要

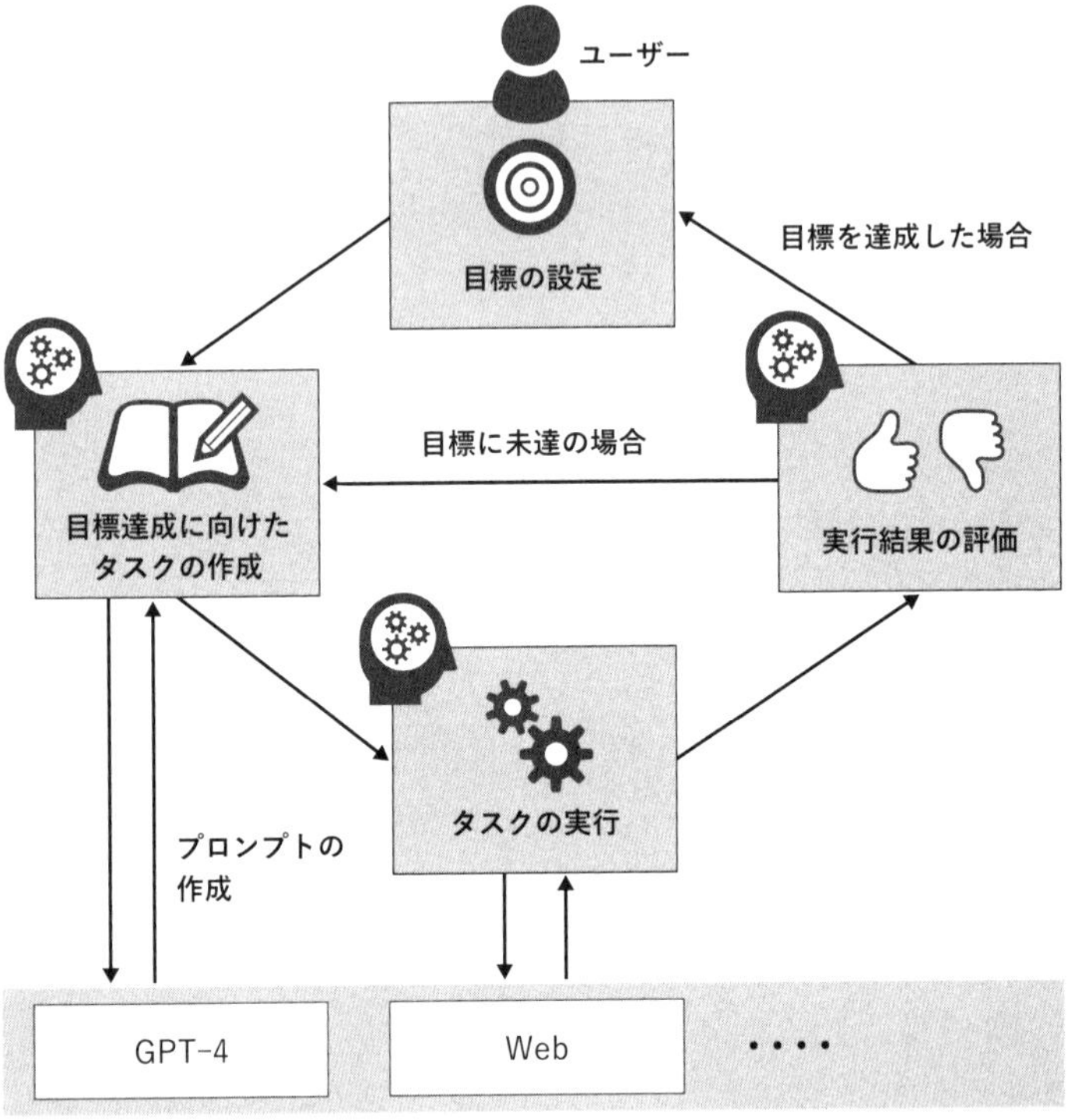

することもできる。

ソフトウェア開発プロジェクトにたとえれば、チャットGPTはプロジェクトマネージャーが指示した仕様にもとづいてブロック単位でコードを生成してくれる優秀なエンジニアで、オートGPTはプロジェクトマネージャーとしてすべてを仕切ってくれるようなイメージである。

ＡＩ開発の「一時停止」を呼びかける大量署名

ここまで説明してきたように、ディープラーニングの登場によって火ぶたが切られた第３次ＡＩブームは、チャットＧＰＴの発表によって完全に次のフェーズに入ったといえるだろう。そして、今後も進化を続けていくことは間違いない。

しかし、２０２３年３月22日、過熱する一方のＡＩ開発に対し、「一時停止」を呼びかける公開書簡が非営利の研究組織「Future of Life Institute」から発表された。この書簡はＧＰＴ－４よりも強力なＡＩの開発と運用を少なくとも６カ月間停止するよう呼びかけるもので、２０２３年７月時点でイーロン・マスク氏やアップルの共同創業者、スティーブ・ウォズニアック氏、ＡＩの大家でモントリオール大学教授のヨシュア・ベンジオ氏、スカイプの共同創業者ジャーン・タリン氏、画像生成ＡＩを手がけるスタビリティＡＩの創業者兼ＣＥＯのエマド・モスタク氏など、著名な起業家、技術者、研究者を含む３万３０００人以上が署名している。ただし、オープンＡＩのサム・アルトマンＣＥＯやグーグル（アルファベット）のスンダー・ピチャイＣＥＯ、マイクロソフトのサティア・ナデラＣＥＯは書簡に署名していない。

具体的には、「高度なＡＩは地球上の生命の歴史に深刻な変化をもたらす可能性があり、それに応じた注意とリソースを備えた計画と管理が必要であるが、この数カ月間、ＡＩの研究機関は制御不能な競争に巻き込まれ、このような計画や管理は行われていない」とし、「強力なＡＩシステムはその影響がポジティブであり、リスクを管理できることを確信できるまで開発されるべきではない」と主張している。さらに、「一時停止期間中に独立した外部の専門家によって厳密に監査・監督され、先進的なＡＩの設計と開発のための安全な共有プロトコルを共同で開発・実装すべきである」とも述べている。

簡単に言えば、チャットＧＰＴが公開されてからのＡＩの開発速度があまりにも早く、そのリスクや安全性が十分に検証されないまま、大手テック企業を中心とした開発競争に突入している現状に警鐘を鳴らし、「一度立ち止まってオープンな場で皆で検証しませんか」と呼びかけた格好である。

ただし、イーロン・マスク氏はこの書簡に署名したことが報じられて1カ月も経たない２０２３年4月11日には、約1万個ものＧＰＵを購入し、ツイッター社内でＡＩ開発プロジェクトを開始したと報じられている。このプロジェクトのために、アルファベット傘下の英ディープマインドからＡＩ開発を担当していた人物を採用したという。さらに4月17

日には、新しいＡＩ「TruthGPT」の開発も表明しており、ＡＩ開発の一時停止に対する同氏の本気度が問われる事態となった。さらに7月にはｘＡＩという新会社を設立したと発表している。同氏のダブルスタンダードとも受け取れる行動などもあり、オープンＡＩやグーグルなどのベンダーは開発を停止するそぶりはまったくない。

ＡＩ界のゴッドファーザーの苦悩

一方、自らの職を辞することによって、世界に警鐘を鳴らした人物がいる。それは「ＡＩ界のゴッドファーザー」とも呼ばれるジェフリー・ヒントン氏である。

ヒントン氏は人間の脳の神経構造を模したニューラルネットワーク研究のパイオニアで、２０１８年にはコンピューター科学界のノーベル賞に相当するチューリング賞を受賞している。トロント大学で教授を務めるかたわら、自身が設立したＡＩ関連のスタートアップであるDNN Reserchが２０１３年にグーグルに買収されたことからグーグルに入社、以来、グーグルでエンジニアリング・フェローを務めてきた。

２０２３年5月1日、同氏は米『ニューヨーク・タイムズ』のインタビューに対し、10

年間在籍したグーグルを退職したことを明らかにし、「10年にわたる自分の仕事を後悔している」と述べ、波紋を広げた。

ヒントン氏はインタビューの中で「生成ＡＩが普及すれば、偽の画像や文章があふれ、何が真実かわからなくなる世界を作り出す」「生成ＡＩが奪う仕事は単純作業にとどまらず、それ以上の仕事を奪い、雇用が大きな影響を受ける」「ＡＩが自らコードを書き、実行するようになった場合に人類に長期的な脅威がある」と指摘。そして、グーグルやマイクロソフトなど大手テック企業が止めることのできない開発競争に陥っているとの見方を示した。

さらに、ＡＩが予想をはるかに上回るペースで進化を続ける点にも懸念を示し、「多くの人はＡＩが人間より賢くなることはあり得ないと考え、私もそう思った。多くの人は遠い未来の話だと考えていた。私も30～50年、あるいはもっと先のことだと考えていた。しかし、もはやそうは思えない」と語った。

ヒントン氏は同日にツイートし、「グーグルを批判するために退社したのではない。グーグルへの影響を気にすることなく、ＡＩの危険性について自由に話をするために退社したのだ」と説明し、ＡＩの危険性について警鐘を鳴らし、議論の必要性を強調する姿勢を明確にしている。

実は同氏は前述したFuture of Life Instituteから発表された公開書簡には署名していない。しかし、このツイートによって、当時はグーグルに在籍していたため同社に気を遣って署名していなかったことがわかる。ヒントン氏は今後、人類を危険にさらすことのないように、自身が作り出した技術に残りの人生を捧げる決意を表明している。

ペーパークリップ最大化知能

もっとも、こうした「ＡＩ脅威論」も額面どおりには受け取れない。オープンＡＩに大きくリードを許した他陣営がオープンＡＩにストップをかけたい思惑が見え隠れするほか、ＡＩ脅威論自体が「ペーパークリップ最大化知能」にすぎないとみる向きもあるからだ。

ペーパークリップ最大化知能とは、哲学者であるニック・ボストロム氏が２０１４年に発表した著書『Superintelligence: Paths, Dangers, Strategies（スーパーインテリジェンス～超絶ＡＩと人類の命運～）』で問題提起された、ＡＩの倫理的なジレンマを考えるための思考実験である。

ペーパークリップとは、紙を挟んでまとめるおなじみの事務用品である。「ペーパークリップの生産を最大化する」という目標を与えられたＡＩが、あらゆる手段を用いてペーパークリップの生産を最大化するように働き、建物や自動車などペーパークリップを作るうえで役に立つものはすべて破壊し、人間さえも材料にしてしまう。世界中のあらゆる物質をペーパークリップに変え、人類が滅亡しても実行を止めずにいる――という寓話である。

こうなったのは、ペーパークリップ最大化知能にとって唯一の評価関数が「ペーパークリップの生産を最大にすること」だからであり、ＡＩが目標を達成するために与えられた指示を超えて行動する危険性を浮き彫りにしている。ＡＩを人間の思ったとおりに動作させるためには、適切な目標設定や倫理的な制約が重要であり、ＡＩに対する制御と監督の必要性を再認識させてくれる。

ただし、現在のＡＩでは第1章で説明したＲＬＨＦのように、こうした点を考慮して設計されるようになりつつある。そのため、基本的にはチューニングを誤らなければ、ペーパークリップ最大化知能のような問題は起こらないはずだ。

また、そもそもＡＩは短期間で人間を上回るほど賢くはならないという見方もある。たとえば、自動運転車には長年にわたって多大な投資が行われているにもかかわらず、いまだ完全な自動運転車の実現にはほど遠い。比較的単純なタスクさえもうまく処理できていないＡＩがそう簡単に人間を凌ぐようにはならないというわけだ。脅威論に対して懐疑的な立場を取る有識者はこうした考えにもとづいている。

ＡＩ競争をリードするものが、世界を支配する

とはいえ、人類を破滅に追い込むほど暴走するかどうかは別として、ＡＩが発展途上の技術であることを踏まえると、人間の意図していないことが起こる「偶発的な誤用」や、悪意を持った人間による「意図的な誤用」が発生する可能性はゼロではない。

お気づきかもしれないが、先に説明したオートＧＰＴはこうした危険性をはらんでいる。オートＧＰＴは目標を与えれば、それに向かって自律的に作業をしてくれる。逆に言えば、ユーザーがその動作を一つひとつ確認しながら作業を進めるわけではない。そのため、気づいたときには予期せぬ方向に進んでしまっていて、取り返しのつかない事態を招いているということもありうる。まさにペーパークリップ最大化知能の世界である。

黎明期の現在は巨大テック企業だけでなく、世界中の開発者が日々さまざまなＡＩツールを競うように開発している。オートＧＰＴもそうしたツールの一つであり、開発者は一個人である。オープンソースとして公開される大規模言語モデルも増加しており、誰でもダウンロードして使うことができる。そうした中に悪意を持った人間がいても防ぐことはできない。そうした意味でもＡＩにリスクがあることは間違いないだろう。

サム・アルトマン氏は２０２３年5月に米上院司法委員会が開催した公聴会で「ＡＩは世界に危害を及ぼす可能性がある」ことを認め、高度なＡＩを開発するためのライセンス制度の導入とそれを審査する新たな政府機関の設立を提案した。

その一方で、オープンＡＩ自身はＡＩ開発を継続すると力強く宣言している。オープンＡＩのような企業が開発の手を緩めないのは、もはやＡＩが企業間の競争だけでなく、国家間の競争にもなりつつあるからである。

大規模言語モデルとそれを利用したチャットＧＰＴのような対話型ＡＩの開発を進めているのは、オープンＡＩやマイクロソフト、グーグルのような米国企業だけではない。２０２３年3月16日に「文心一言（アーニー・ボット）」を発表したバイドゥ、4月11日に「通義千問（トンイー・チェンウェン）」を発表したアリババなど、中国企業も米国企業に負けじと開発を進めている。

中国を含む世界のすべての国が足並みを揃えてＡＩの開発停止に同意するならともかく、米国だけが開発を停止するわけにはいかない。ロシアのプーチン大統領は２０１７年に「ＡＩ競争をリードするものが、世界を支配する」と語ったとされる。そして、２０１９年10月には２０３０年までのＡＩ開発の国家戦略プランを承認し、２０３０年までにＡＩを人間の知的活動と同等の機能・レベルで行動できるようにすることを目標としている。さらにロシアがＡＩにおいて世界のリーダー的存在になり、他国に依拠しない独立性とロシアのＡＩ技術の競争力を強化していくことが重要であると強調している。

国家安全保障にも影響

前述したとおり、ＡＩはサイバー攻撃に悪用される懸念もあり、安全保障の観点でも重要性を増している。新型コロナウイルスのような新たなウイルスを作成することも不可能ではないかもしれない。

オープンＡＩだけでなくグーグルも、ＡＩには何らかの規制が必要という点で意見は一致しているものの、ＥＵのＡＩ規制法案が求める透明性の向上を目的とした規定には重大なトレードオフを伴うと警告している。２０２３年6月に米国の商務省に提出した「信頼できるＡＩ」の推進に向けた提案書では次のように述べている。

「ＡＩのソースコードは非常に機密性の高い情報であり、開示が強制された場合、企業秘密が侵害され、犯罪者や外国の敵対勢力によって悪用されるセキュリティ上の脆弱性が生じる可能性がある」

２０２３年4月末に群馬県高崎市で開催されたＧ７のデジタル・技術大臣会合では、チャットＧＰＴなどのＡＩをめぐる規制のあり方が議論され、各国間で「人類の可能性を広げる新しい技術に道を閉ざすべきではない」という点で認識は一致したものの、規制を少なくして利活用に重きを置く方針の日本に対し、ＥＵは規制強化に積極的であり、米国はその中間というように各国のスタンスは必ずしも一致していない。

ただし、この会合で採択された閣僚宣言には、中国やロシアなどを念頭に「我々は、民主主義の価値を損ない、表現の自由を抑圧し、人権の享受を脅かすようなＡＩの誤用・乱用に反対する」と明記された。

続いて5月に行われたＧ７では、生成ＡＩについて担当閣僚が議論するための枠組み

「広島ＡＩプロセス」を立ち上げ、「責任あるＡＩ」の推進に向けて著作権保護や偽情報対策などを含むＧ７としての見解を２０２３年中にまとめることで合意している。

「チャットＧＰＴは序章にすぎない」

オープンＡＩのサム・アルトマン氏は、２０２３年３月26日にテレビ東京で放送された特別番組「ＡＩ　驚異の進化で一変する世界」で「チャットＧＰＴは序章にすぎない。この後さらにすごいことが起こる」と述べ、「われわれの目標は利益の最大化ではなく、ＡＩの民主化である。すべての人がＡＩを使えるようにし、その恩恵を受けられるようにすべきだ」と語っている。

第１章で説明したように、オープンＡＩは「人間よりも一般的に賢いＡＧＩが全人類に確実に利益をもたらすようにすること」をミッションに掲げている。「チャットＧＰＴは序章にすぎない」と語ったのは、すでにＡＧＩの実現が視野に入っているからであろう。

実際、２０２３年２月に公開されたサム・アルトマン氏のブログでは、ＡＧＩの実現に向けた具体的なプランを披露している。同氏は最終ゴールとなるＡＧＩの実現に向け、Ａ

Ｉの進化を一気に公開するより、少しずつ段階的に公開するのがベターだと考えており、そうすることで実世界での運用経験を積むと同時に、人々に徐々に慣れてもらうことができるとしている。また、段階的に移行すれば、政策立案者や規制当局が個人的にＡＩを経験することによってメリットとデメリットを理解し、経済を適応させ、必要な規制を整備する時間的な猶予を与えられると述べている。

　確かに、われわれはチャットＧＰＴが一般公開され、無料で触れることができたため、実際に使ってみることによって、「ＡＩとはこういうものなのか」という具体的なイメージを持つことができた。そして各国の政府や関係当局もそのメリットを認めつつも、リスクを最小化するために必要な規制について議論を開始している。いわばＡＩに対する「免疫」ができつつあるといえるだろう。

　もし、チャットＧＰＴの公開を経ずに、いきなりＡＧＩが公開されていたとしたらどうだろうか？　ＳＦの世界が現実になったと大騒ぎし、ＡＩ脅威論がオーバーヒートし、パニックになっていたかもしれない。すでに「技術の進化に規制が追いつかない」状態になりつつある規制当局も思考停止状態に陥っていたかもしれない。そう考えると、同氏の考えは実に理にかなっていると感じる。

サム・アルトマン氏の「深謀遠慮」

同氏は、続けて次のような必ずしも自分たちのメリットにはならないことも提言している。

・ＡＩのトレーニングを開始する前に独立した監査法人のレビューを受けること
・新しいモデルの作成に使用する計算量の成長率を制限すること
・トレーニングを停止するタイミングやモデルをリリースするタイミング、モデルを本番運用から撤回するタイミングなどについて統一された基準を設けること

そして、最も重要なこととして、「主要な世界政府が一定の規模以上のトレーニング計画について情報を共有すること」を挙げ、さらには「重要な意思決定には一般の人々との公開協議が必要」として、ＡＧＩの開発に関する進捗状況を一般の人々と共有することも提案している。これはＡＧＩが人類の未来にとって非常に重要だからこそ、自分たちだけで決めるべきではなく、できるだけ多くの人の関与のもとで決定されるべきという考えか

らきている。

このブログの内容と同氏のこれまでの行動を振り返ると、同氏の恐ろしいほどの「深謀遠慮」が見えてくる。先に説明したとおり、２０２３年4月からオープンＡＩワールドツアーと称して世界の17都市を訪問し、政策立案者と面会したが、すべて将来的なＡＧＩの実現に向けた布石だったのである。

先に触れた、国会議員を前にして行われた公聴会でも、ＡＩ規制を担当する新たな政府機関の設立のほか、ＡＩモデルに対する監査のアイデアを提案するなど、ブログに綴った内容を実現するべく早速行動に移している。

なお、この公聴会はかつてメタのマーク・ザッカーバーグ氏を召喚して行われた際の険悪な雰囲気とは打って変わって、終始歓迎ムードだったそうだ。

それはなぜか？　実はこの公聴会の前日に民主党、および共和党の議員約60人とディナーを共にしており、チャットＧＰＴを使用して架空の法案を提案するといったデモを披露し、大ウケだったそうだ。コミュニケーション能力が高いだけでなく、相当の策士と見てよいだろう。

オープンＡＩはプラグインやＡＰＩの公開、ＧＰＴ－４へのアップデートなど、ユーザーを惹きつける魅力的な機能をつぎつぎとリリースしてきた。これらもすべて綿密な計画に従って進められていると考えるべきである。ひょっとしたら、彼の頭の中ではＡＧＩ実現までの解像度の高いロードマップがすでにできあがっており、公開するタイミングを計っているだけという可能性もある。

ＡＧＩの実現は決して簡単なことではない。しかし、少なくともこれまでは同氏が描いたシナリオどおりに世の中は動いており、同氏の手にかかれば、実現も不可能なことではないように思えてくる。もしかすると、われわれは皆、彼の手のひらの上で踊らされているだけなのかもしれない。サム・アルトマン、恐るべしである。

参考文献

◉はじめに

Bill Gates, "The Age of AI has begun", *GatesNotes,* March 21, 2023. (https://www.gatesnotes.com/The-Age-of-AI-Has-Begun)

Rowan Cheung, "ChatGPT Becomes The Fastest Growing Consumer App in History", *The Rundown AI,* February 03, 2023. (https://www.therundown.ai/p/chatgpt-becomes-fastest-growing-consumer-app-history)

Marc Andreessen, "Why Software Is Eating the World", *Wall Street Journal,* August 20, 2011. (https://a16z.com/2011/08/20/why-software-is-eating-the-world/)

◉第1章

Ashish Vaswani, Noam Shazeer, Niki Parmar, Jakob Vszkoreit, Llion Jones, Aiden N. Gomez, Lukasz Kaiser, and Illia Polosukhin, "Attention Is All You Need", *arXiv,* June 12, 2017. (https://arxiv.org/abs/1706.03762)

Sam Altman, "Breakthrough potential of AI", *Imagination in Action,* May 9, 2023. (https://www.youtube.com/watch?v=T5cPoNwO7II)

OpenAI, "GPT-4 Technical Report", *arXiv,* March 15, 2023. (https://arxiv.org/abs/2303.08774)

Thomas Ohr, "10+ surprising facts ChatGPT reveals about OpenAI founder Sam Altman", *EU-Startups,* June 15, 2023. (https://www.eu-startups.com/2023/06/10-surprising-facts-chatgtp-reveals-about-openai-founder-sam-altman/)

Sarah J. Zhang, Samuel Florin, Ariel N. Lee, Eamon Niknafs, Andrei Marginean, Annie Wang, Keith Tyser, Zad Chin, Yann Hicke, Nikhil Singh, Madeleine Udell, Yoon Kim, Tonio Buonassisi, Armando Solar-Lezama, and

Iddo Drori, “Exploring the MIT Mathematics and EECS Curriculum Using Large Language Models”, *arXiv,* June 15, 2023. (https://arxiv.org/abs/2306.08997)

Gabriela Mello, William Shaw, and Hannah Levitt, “Wall Street Banks Are Cracking Down on AI-Powered ChatGPT”, *Bloomberg,* February 24, 2023. (https://www.bloomberg.com/news/articles/2023-02-24/citigroup-goldman-sachs-join-chatgpt-crackdown-fn-reports)

Aaron Tilley and Miles Kruppa, “Apple Restricts Employee Use of ChatGPT, Joining Other Companies Wary of Leaks”, *The Wall Street Journal,* May 18, 2023. (https://www.wsj.com/articles/apple-restricts-use-of-chatgpt-joining-other-companies-wary-of-leaks-d44d7d34)

Ben Tobin, “Leaked Walmart memo warns employees not to share ‘any information about Walmart’s business’ with ChatGPT or other AI bots”, *Insider,* Mar 1, 2023. (https://www.businessinsider.com/walmart-warns-workers-dont-share-sensitive-information-chatgpt-generative-ai-2023-2)

Siladitya Ray, “Samsung Bans ChatGPT Among Employees After Sensitive Code Leak”, *Forbes,* May 2, 2023. (https://www.forbes.com/sites/siladityaray/2023/05/02/samsung-bans-chatgpt-and-other-chatbots-for-employees-after-sensitive-code-leak/)

Natasha Lomas, “Italy orders ChatGPT blocked citing data protection concerns”, *TechCrunch,* March 31, 2023. (https://techcrunch.com/2023/03/31/chatgpt-blocked-italy/)

Natasha Lomas, “Italy gives OpenAI initial to-do list for lifting ChatGPT suspension order”, *TechCrunch,* April 13, 2023. (https://techcrunch.com/2023/04/12/chatgpt-italy-gdpr-order/)

◉第2章

Toyota Motor Sales, U.S.A, “Toyota Research Institute Unveils New Generative AI Technique for Vehicle

Design”, *TOYOTA Newsroom,* June 20, 2023. (https://pressroom.toyota.com/toyota-research-institute-unveils-new-generative-ai-technique-for-vehicle-design/)

Sirisha, “Imagen AI is Popular and All, Yet Google Cannot Release Its Source Code”, *Analytics Insight,* October 12, 2022. (https://www.analyticsinsight.net/imagen-ai-is-popular-and-all-yet-google-cannot-release-its-source-code/)

Kyle Wiggers, “Google created an AI that can generate music from text descriptions, but won’t release it”, *TechCrunch,* January 28, 2023. (https://techcrunch.com/2023/01/27/google-created-an-ai-that-can-generate-music-from-text-descriptions-but-wont-release-it/)

Kristin Yim and Hema Manickavasagam, “Turn ideas into music with MusicLM”, *Google The Keyword,* May 10, 2023. (https://blog.google/technology/ai/musiclm-google-ai-test-kitchen/)

Solcyre Burga, “Grammys OK AI Use in Music — But Ban Fully AI-Generated Songs”, *TIME,* June 18, 2023. (https://time.com/6288131/grammys-ai-rules/)

●第4章

Colette Stallbaumer, “Introducing Microsoft 365 Copilot—A whole new way to work”, *Microsoft* 365 *Blog,* March 16, 2023. (https://www.microsoft.com/en-us/microsoft-365/blog/2023/03/16/introducing-microsoft-365-copilot-a-whole-new-way-to-work/)

Panos Panay, “Bringing the power of AI to Windows 11 – unlocking a new era of productivity for customers and developers with Windows Copilot and Dev Home”, *Windows Blogs,* May 23, 2023. (https://blogs.windows.com/windowsdeveloper/2023/05/23/bringing-the-power-of-ai-to-windows-11-unlocking-a-new-era-of-productivity-for-customers-and-developers-with-windows-copilot-and-dev-home/)

Nico Grant and Cade Metz, "A New Chat Bot Is a 'Code Red' for Google's Search Business", *The New York Times,* December 21, 2022. (https://www.nytimes.com/2022/12/21/technology/ai-chatgpt-google-search.html)

Aaron Mok, "Google's management has reportedly issued a 'code red' amid the rising popularity of the ChatGPT AI", *Insider,* December 22, 2022. (https://www.businessinsider.com/google-management-issues-code-red-over-chatgpt-report-2022-12)

Jennifer Elias, "Alphabet Chairman John Hennessy explains why Google was hesitant to put out its ChatGPT competitor", *CNBC,* February 13, 2023. (https://www.cnbc.com/2023/02/13/alphabet-chairman-john-hennessy-google-bard-hesitation.html)

Stephen Shankland, "AI Is Speeding Us Toward Intelligent Computers and the Singularity, Pioneer Says", *CNET,* February 13, 2023. (https://www.cnet.com/tech/computing/ai-is-speeding-us-toward-intelligent-computers-and-the-singularity-pioneer-says/)

Lauren Leffer, "Google Bungles AI Reveal With Incorrect Webb Telescope Facts", *Gizmodo,* February 8, 2023. (https://gizmodo.com/google-bard-ai-ad-incorrect-webb-telescope-facts-1850087798)

James Vincent, "Google CEO Sundar Pichai promises Bard AI chatbot upgrades soon: 'We clearly have more capable models'", *The Verge,* March 31, 2023. (https://www.theverge.com/2023/3/31/23664426/google-bard-ai-chatbot-upgrades-coming-soon-sundar-pichai)

Zoubin Ghahramani, "PaLM 2 のご紹介", *Google Japan Blog,* 2023年 5 月11日 (https://japan.googleblog.com/2023/05/palm-2.html)

Elizabeth Reid, "Supercharging Search with generative AI", *Google The Keyword,* May 10, 2023. (https://blog.google/products/search/generative-ai-search/)

Swami Sivasubramanian, "Announcing New Tools for Building with Generative AI on AWS", *AWS Machine*

Learning Blog, April 13, 2023. (https://aws.amazon.com/jp/blogs/machine-learning/announcing-new-tools-for-building-with-generative-ai-on-aws/)

Will Douglas Heaven, "Why Meta's latest large language model survived only three days online", *MIT Technology Review,* November 18, 2022. (https://www.technologyreview.com/2022/11/18/1063487/meta-large-language-model-ai-only-survived-three-days-gpt-3-science/)

Hugo Touvron, Thibaut Lavril, Gautier Izacard, Xavier Martinet, Marie-Anne Lachaux, Timothée Lacroix, Baptiste Rozière, Naman Goyal, Eric Hambro, Faisal Azhar, Aurelien Rodriguez, Armand Joulin, Edouard Grave, and Guillaume Lample, "LLaMA: Open and Efficient Foundation Language Models", *arXiv,* February 27, 2023. (https://arxiv.org/abs/2302.13971)

Hayden Field, "Ex-OpenAI execs raise $450 million for Anthropic, a rival A.I. venture backed by Google", *CNBC,* May 23, 2023. (https://www.cnbc.com/2023/05/23/openai-rival-anthropic-raised-450-million-from-google-and-others.html)

Jeff Boudier, Philipp Schmid, and Julien Siman, "Hugging Face and AWS partner to make AI more accessible", *Hugging Face blog,* February 21, 2023. (https://huggingface.co/blog/aws-partnership)

Will Knight, "OpenAI's CEO says the age of giant AI models is already over", *Wired,* April 24, 2023. (https://www.wired.me/business/openai-ceo-says-the-age-of-giant-ai-models-is-already-over/)

Kyle Wiggers, "A year in the making, BigScience's AI language model is finally available", *TechCrunch,* July 12, 2022. (https://techcrunch.com/2022/07/12/a-year-in-the-making-bigsciences-ai-language-model-is-finally-available/)

Thomas Germain, "Stanford Researchers Take Down Alpaca AI Due to 'Hallucinations' and Rising Costs", *Gizmodo,* March 21, 2023. (https://gizmodo.com/stanford-ai-alpaca-llama-facebook-taken-downchatgpt-1850247570)

Baba Tamim, “Codename Athena: Microsoft developing secret AI chips to challenge Nvidia’s dominance”, *Interesting Engineering,* April 19, 2023. (https://interestingengineering.com/innovation/athena-microsoft-secret-ai-chips)

Andrew E. Freedman, “Microsoft Building Its Own AI Chip on TSMC’s 5nm Process”, *Tom’s Hardware,* April 18, 2023. (https://www.tomshardware.com/news/microsoft-athena-ai-chip-tsmc)

Deepa Seetharaman and Tom Dotan, “The AI Boom Runs on Chips, but It Can’t Get Enough”, *The Wall Street Journal,* May 29, 2023. (https://www.wsj.com/articles/the-ai-boom-runs-on-chips-but-it-cant-get-enough-9f76f554)

Norman P. Jouppi, George Kurian, Sheng Li, Peter Ma, Rahul Nagarajan, Lifeng Nai, Nishant Patil, Suvinay Subramanian, Andy Swing, Brian Towles, Cliff Young, Xiang Zhou, Zongwei Zhou, and David Patterson, “TPU v4: An Optically Reconfigurable Supercomputer for Machine Learning with Hardware Support for Embeddings”, *arXiv,* April 4, 2023. (https://arxiv.org/abs/2304.01433)

Katie Paul, Krystal Hu, Stephen Nellis, and Anna Tong, “Insight: Inside Meta’s scramble to catch up on AI”, *Reuters,* April 26, 2023. (https://www.reuters.com/technology/inside-metas-scramble-catch-up-ai-2023-04-25/)

Kyle Wiggers, “Meta bets big on AI with custom chips — and a supercomputer”, *TechCrunch,* May 19, 2023. (https://techcrunch.com/2023/05/18/meta-bets-big-on-ai-with-custom-chips-and-a-supercomputer/)

Kyle Wiggers, “Microsoft and Nvidia team up to build new Azure-hosted AI supercomputer”, *TechCrunch,* November 17, 2022. (https://techcrunch.com/2022/11/16/microsoft-and-nvidia-team-up-to-build-new-azure-hosted-ai-supercomputer/)

Emma Roth, “Microsoft spent hundreds of millions of dollars on a ChatGPT supercomputer”, *The Verge,* March

14, 2023. (https://www.theverge.com/2023/3/13/23637675/microsoft-chatgpt-bing-millions-dollars-supercomputer-openai)

John Roach, "How Microsoft's bet on Azure unlocked an AI revolution", *Microsoft,* March 13, 2023. (https://news.microsoft.com/source/features/ai/how-microsofts-bet-on-azure-unlocked-an-ai-revolution)

Ron Miller, "Google Cloud announces new A3 supercomputer VMs built to power LLMs", *TechCrunch,* May 11, 2023. (https://techcrunch.com/2023/05/10/google-cloud-announces-new-a3-supercomputer-vms-built-to-power-llms/)

Sebastian Moss, "Meta details AI data center redesign that led to facilities being scrapped", *Data Centre Dynamics,* May 18, 2023. (https://www.datacenterdynamics.com/en/analysis/meta-details-ai-data-center-redesign-that-led-to-facilities-being-scrapped/)

ＮＥＣ「社会価値の創造を加速するＮＥＣのＡＩスーパーコンピュータ」『ＮＥＣの研究開発』２０２３年３月20日。(https://jpn.nec.com/rd/aisupercomputer/index.html)

◉第５章

mrbullwinkle, prmerger-automator [bot], eric-urban, and v-alja, "Azure OpenAI Service モデル", *Microsoft Learn,* July 25, 2023. (https://learn.microsoft.com/ja-JP/azure/ai-services/openai/concepts/models)

JJ Zhuang, "Bringing Inspirational, AI-Powered Search to the Instacart app with Ask Instacart", *Instacart Company Updates,* May 31, 2023. (https://www.instacart.com/company/updates/bringing-inspirational-ai-powered-search-to-the-instacart-app-with-ask-instacart/)

Joe Price, "Introducing AI-Generated Product Descriptions Powered by Shopify Magic", *Shopify Blog,* April 20, 2023. (https://www.shopify.com/ca/blog/ai-product-descriptions)

Liz Flora, "Supergreat taps into ChatGPT for AI beauty recommendations", *Glossy,* June 21, 2023. (https://www.glossy.co/beauty/supergreat-taps-into-chatgpt-for-ai-beauty-recommendations/)

Angus Loten, "Wendy's, Google Train Next-Generation Order Taker: an AI Chatbot", *The Wall Street Journal,* May 9, 2023. (https://www.wsj.com/articles/wendys-google-train-next-generation-order-taker-an-ai-chatbot-968ff865)

Shijie Wu, Ozan Irsoy, Steven Lu, Vadim Dabravolski, Mark Dredze, Sebastian Gehrmann, Prabhanjan Kambadur, David Rosenberg, and Gideon Mann, "BloombergGPT: A Large Language Model for Finance", *arXiv,* March 30, 2023. (https://arxiv.org/abs/2303.17564)

Hugh Son, "JPMorgan is developing a ChatGPT-like A.I. service that gives investment advice", *CNBC,* May 25, 2023. (https://www.cnbc.com/2023/05/25/jpmorgan-develops-ai-investment-advisor.html)

Ryan Browne, "Goldman Sachs is using ChatGPT-style A.I. in house to assist developers with writing code", *CNBC,* March 22, 2023. (https://www.cnbc.com/2023/03/22/goldman-sachs-experiments-with-chatgpt-like-ai-to-help-devs-write-code.html)

Hugh Son, "Morgan Stanley is testing an OpenAI-powered chatbot for its 16,000 financial advisors", *CNBC,* March 14, 2023. (https://www.cnbc.com/2023/03/14/morgan-stanley-testing-openai-powered-chatbot-for-its-financial-advisors.html)

Casetext, "Casetext Unveils CoCounsel, the Groundbreaking AI Legal Assistant Powered by OpenAI Technology", *PR Newswire,* March 1, 2023. (https://www.prnewswire.com/news-releases/casetext-unveils-cocounsel-the-groundbreaking-ai-legal-assistant-powered-by-openai-technology-301759255.html)

Benjamin Weiser, "Here's What Happens When Your Lawyer Uses ChatGPT", *The New York Times,* May 27, 2023. (https://www.nytimes.com/2023/05/27/nyregion/avianca-airline-lawsuit-chatgpt.html)

Karan Singhal, Shekoofeh Azizi, Tao Tu, S. Sara Mahdavi, Jason Wei, Hyung Won Chung, Nathan Scales, Ajay Tanwani, Heather Cole-Lewis, Stephen Pfohl, Perry Payne, Martin Seneviratne, Paul Gamble, Chris Kelly, Nathaneal Scharli, Aakanksha Chowdhery, Philip Mansfield, Blaise Aguera y Arcas, Dale Webster, Greg S. Corrado, Yossi Matias, Katherine Chou, Juraj Gottweis, Nenad Tomasev, Yun Liu, Alvin Rajkomar, Joelle Barral, Christopher Semturs, Alan Karthikesalingam, and Vivek Natarajan, "Large Language Models Encode Clinical Knowledge", *arXiv,* December 26, 2022. (https://arxiv.org/abs/2212.13138)

Yossi Matias and Greg Corrado, "Our latest health AI research updates", *Google The Keyword,* March 14, 2023 (https://blog.google/technology/health/ai-llm-medpalm-research-thecheckup/)

●第6章

Tyna Eloundou, Sam Manning, Pamela Mishkin, and Daniel Rock, "GPTs are GPTs: An Early Look at the Labor Market Impact Potential of Large Language Models", *arXiv,* March 17, 2023. (https://arxiv.org/abs/2303.10130)

Jan Hatzius, Joseph Briggs, Devesh Kodnani, and Giovanni Pierdomenico, "The Potentially Large Effects of Artificial Intelligence on Economic Growth", *Goldman Sachs Economics Research,* March 26, 2023. (https://www.key4biz.it/wp-content/uploads/2023/03/Global-Economics-Analyst_-The-Potentially-Large-Effects-of-Artificial-Intelligence-on-Economic-Growth-Briggs_Kodnani.pdf)

Sarah Min, "Chegg shares drop more than 40% after company says ChatGPT is killing its business", *CNBC,* May 2, 2023. (https://www.cnbc.com/2023/05/02/chegg-drops-more-than-40percent-after-saying-chatgpt-is-killing-its-business.html)

玉置亮太「ChatGPTで広告会社の組織激変、サイバーでは30人以上いたディレクターがゼロに」『日経クロステック』２０２３年５月30日。(https://xtech.nikkei.com/atcl/nxt/column/18/02466/052600002/)

Brody Ford, "IBM to Pause Hiring for Jobs That AI Could Do", *Bloomberg,* May 1, 2023. (https://www.bloomberg.com/news/articles/2023-05-01/ibm-to-pause-hiring-for-back-office-jobs-that-ai-could-kill)

Kevin Hurler, "Walmart Uses AI to Negotiate Shopping Cart Prices With Suppliers", *Gizmodo,* April 28, 2023. (https://gizmodo.com/walmart-ai-chatbot-inflation-gpt-1850385783)

Victor Ordonez, Taylor Dunn, and Eric Noll, "OpenAI CEO Sam Altman says AI will reshape society, acknowledges risks: 'A little bit scared of this'", *ABC News,* March 17, 2023. (https://abcnews.go.com/Technology/openai-ceo-sam-altman-ai-reshape-society-acknowledges/story?id=97897122)

博報堂ＤＹホールディングス「博報堂ＤＹグループの博報堂テクノロジーズ、「ChatGPT ソリューション開発推進室」を発足」『博報堂ＤＹホールディングス コーポレートニュース』２０２３年５月11日。(https://www.hakuhodody-holdings.co.jp/news/corporate/2023/05/4209.html)

伊藤忠商事「ChatGPT 等の生成ＡＩを用いた企業の業務変革や新規ビジネス開発支援を行う「生成ＡＩ研究ラボ」の設立について」『伊藤忠商事プレスリリース』２０２３年５月12日。(https://www.itochu.co.jp/ja/news/press/2023/230512.html)

John W. Ayers, Adam Poliak, Mark Dredze, Eric C. Leas, Zechariah Zhu, Jessica B. Kelley, Dennis J. Faix, Aaron M. Goodman, Christopher A. Longhurst, Michael Hogarth, and Davey M. Smith, "Comparing Physician and Artificial Intelligence Chatbot Responses to Patient Questions Posted to a Public Social Media Forum", *JAMA Network,* April 28, 2023. (https://jamanetwork.com/journals/jamainternalmedicine/article-abstract/2804309)

◉第７章

Emily M. Bender, Timnit Gebru, Angelina McMillan-Major, and Shmargaret Shmitchell, "On the Dangers of

Stochastic Parrots: Can Language Models Be Too Big?", *ACM Digital Library,* March 1, 2021. (https://dl.acm.org/doi/10.1145/3442188.3445922)

Amanda Peterson Corio, "Five years of 100% renewable energy – and a look ahead to a 24/7 carbon-free future", *Google Cloud Blog,* June 24, 2022. (https://cloud.google.com/blog/topics/sustainability/5-years-of-100-percent-renewable-energy?hl=en)

Meta AI, "Introducing Voicebox: The first generative AI model for speech to generalize across tasks with state-of-the-art performance", *Meta AI Blog,* June 16, 2023. (https://ai.meta.com/blog/voicebox-generative-ai-model-speech/)

弁護士ドットコム「画像生成ＡＩの「悪用」に絵師たちが反発、pixiv 上でイラスト非公開に…福井健策弁護士に聞く」『弁護士ドットコムニュース』２０２３年５月11日。(https://www.bengo4.com/c_23/n_15982/)

上野達弘「情報解析と著作権――「機械学習パラダイス」としての日本」『人工知能』36巻６号、２０２１年、７４５〜７４９。(https://www.jstage.jst.go.jp/article/jjsai/36/6/36_745/_pdf)

柿沼太一「進化する機械学習パラダイス――改正著作権法が日本のＡＩ開発をさらに加速する」『ＳＴＯＲＩＡ法律事務所ブログ』２０１８年９月２日。(https://storialaw.jp/blog/4936)

文化庁著作権課「ＡＩと著作権」『令和５年度著作権セミナー』２０２３年６月19日。(https://www.bunka.go.jp/seisaku/chosakuken/pdf/93903601_01.pdf)

Matthew Butterick, "We've filed a lawsuit challenging Stable Diffusion, a 21st-century collage tool that violates the rights of artists", *Stable Diffusion litigation,* January 13, 2023. (https://stablediffusionlitigation.com/)

Chris Stokel-Walker, "Adobe is so confident its Firefly generative AI won't breach copyright that it'll cover your legal bills", *Fast Company,* June 8, 2023. (https://www.fastcompany.com/90906560/adobe-feels-so-confident-its-firefly-generative-ai-wont-breach-copyright-itll-cover-your-legal-bills)

Jillian Deutsch, "EU Lawmakers Vote to Limit AI Use, Ban Public Face-Scanning", *Bloomberg,* June 14, 2023. (https://www.bloomberg.com/news/articles/2023-06-14/eu-lawmakers-vote-to-ban-remote-face-scanning-in-public)

Billy Perrigo, "OpenAI Could Quit Europe Over New AI Rules, CEO Sam Altman Warns", *TIME,* May 25, 2023. (https://time.com/6282325/sam-altman-openai-eu/)

Ilia Shumailov, Zakhar Shumaylov, Yiren Zhao, Yarin Gal, Nicolas Papernot, and Ross Anderson, "The Curse of Recursion: Training on Generated Data Makes Models Forget", *arXiv,* May 27, 2023. (https://arxiv.org/abs/2305.17493)

◉第8章

Bernard Marr, "What is Auto-GPT? A Next-Level AI Tool Surpassing ChatGPT?", *Bernard Marr&Co.,* May 7, 2023. (https://bernardmarr.com/what-is-auto-gpt-a-next-level-ai-tool-surpassing-chatgpt/)

Future of Life Institute, "Pause Giant AI Experiments: An Open Letter", *FLI Open Letters,* March 22, 2023. (https://futureoflife.org/open-letter/pause-giant-ai-experiments/)

Anton Shilov, "Elon Musk Buys Thousands of GPUs for Twitter's Generative AI Project", *Tom's Hardware,* April 12, 2023. (https://www.tomshardware.com/news/elon-musk-buys-tens-of-thousands-of-gpus-for-twitter-ai-project#xenforo-comments-3803380)

Cade Metz, "'The Godfather of A.I.' Leaves Google and Warns of Danger Ahead", *The New York Times,* May 1, 2023. (https://www.nytimes.com/2023/05/01/technology/ai-google-chatbot-engineer-quits-hinton.html)

Nick Bostrom, *Superintelligence: Paths, Dangers, Strategies,* Oxford University Press, September 3, 2014. (https://www.amazon.co.jp/Superintelligence-Dangers-Strategies-Nick-Bostrom/dp/0199678111)

Cat Zakrzewski, Christiano Lima, and Will Oremus, “CEO behind ChatGPT warns Congress AI could cause ‘harm to the world’”, *The Washington Post,* May 16, 2023. (https://www.washingtonpost.com/technology/2023/05/16/sam-altman-open-ai-congress-hearing/)

Sergei Karpukhin, “Putin: Leader in artificial intelligence will rule world”, *CNBC,* September 4, 2017. (https://www.cnbc.com/2017/09/04/putin-leader-in-artificial-intelligence-will-rule-world.html)

Cat Zakrzewski and Cristiano Lima, “Europe moves ahead on AI regulation, challenging tech giants’ power”, *The Washington Post,* June 14, 2023. (https://www.washingtonpost.com/technology/2023/06/14/eu-parliament-approves-ai-act/)

Sam Altman, “Planning for AGI and beyond”, *OpenAI Blog,* February 24, 2023. (https://openai.com/blog/planning-for-agi-and-beyond)

【著者紹介】
城田真琴（しろた　まこと）
野村総合研究所 DX基盤事業本部 兼 デジタル社会研究室 プリンシパル・アナリスト
2001年に野村総合研究所にキャリア入社後、一貫して先端ITが企業・社会に与えるインパクトを調査・研究している。総務省「スマート・クラウド研究会」技術WG委員、経済産業省「IT融合フォーラム」パーソナルデータWG委員、経済産業省・厚生労働省・文部科学省「IT人材需給調査」有識者委員会メンバーなどを歴任。NHK Eテレ「ITホワイトボックス」、BSテレ東「日経プラス10」などTV出演も多数。著書に『FinTechの衝撃』『クラウドの衝撃』『ビッグデータの衝撃』『エンベデッド・ファイナンスの衝撃』『決定版Web3』（いずれも東洋経済新報社）、『パーソナルデータの衝撃』（ダイヤモンド社）、『デス・バイ・アマゾン』（日本経済新聞出版社）などがある。

ChatGPT資本主義

2023年 9月26日発行

著　者――城田真琴
発行者――田北浩章
発行所――東洋経済新報社
〒103-8345　東京都中央区日本橋本石町 1-2-1
電話＝東洋経済コールセンター　03(6386)1040
https://toyokeizai.net/

装　丁………橋爪朋世
D T P………キャップス
印　刷………図書印刷
編集担当……髙橋由里

Printed in Japan　ISBN 978-4-492-76264-6